日本型文化札谈
——在历史与现实之间

严加红 著

学苑出版社

图书在版编目（CIP）数据

日本型文化札谈：在历史与现实之间 / 严加红著.
—北京：学苑出版社，2016.4（2018.12重印）
　ISBN 978-7-5077-4991-5

Ⅰ.①日… Ⅱ.①严… Ⅲ.①文化研究—日本
Ⅳ.①G131.3

中国版本图书馆CIP数据核字（2016）第074671号

责任编辑：任彦霞
封面设计：陈四雄
出版发行：学苑出版社
社　　址：北京市丰台区南方庄2号院1号楼
邮政编码：100079
网　　址：www.book001.com
电子信箱：xueyuanpress@163.com
联系电话：010-67601101（邮购）　67603091（总编室）
经　　销：新华书店
印　刷　厂：北京虎彩文化传播有限公司
开本尺寸：710×1000　1/16
印　　张：12.5
字　　数：210千字
版　　次：2016年4月北京第1版
印　　次：2018年12月北京第2次印刷
定　　价：58.00元

目　录

序说 ◎ 东京游学讲述：走向东京学艺大学 ……… 001
- 游学缘起 …………………………………………… 001
- 赴日前夕 …………………………………………… 003
- 乘机赴日 …………………………………………… 005
- 会馆印象 …………………………………………… 006
- 会馆周边 …………………………………………… 009
- 地域公园 …………………………………………… 010
- 办理签证 …………………………………………… 012
- 城市地域农业 ……………………………………… 014
- 仙川商铺街 ………………………………………… 016
- 成城富人区 ………………………………………… 018
- 初往"学艺" ……………………………………… 020

卷一 ◎ 神道传统：社会意识与宗教文化 ……… 025
- 神道传统：天神与人神 …………………………… 025
- 神社文化：现世与来生 …………………………… 031

武士道精神：传统与现实 ……………………………………… 037
　　天皇制度：宗教与社会 ……………………………………… 042

卷二 ◎ **民族基因：岛国根性与本土特征** ……………… 045
　　东亚岛国：自然与习性 ……………………………………… 045
　　民族根性：卑琐与傲慢 ……………………………………… 050
　　语言文字：汉字与假名 ……………………………………… 057
　　文化传统：神话与习俗 ……………………………………… 063
　　文化符号：阐释与辨异 ……………………………………… 067
　　文化冲突：历史与制度 ……………………………………… 075

卷三 ◎ **殖民情结：大陆思维与右翼逻辑** ……………… 079
　　明治维新：开国与拓疆 ……………………………………… 079
　　殖民情结：历史与现实 ……………………………………… 087
　　中日比较：认识与解读 ……………………………………… 091

卷四 ◎ **重新审视：摒弃误读与深度考察** ……………… 103
　　资源贫乏：局限与误读 ……………………………………… 103
　　大和思维：系统与复杂 ……………………………………… 107
　　知日深度：阅读与审视 ……………………………………… 109
　　反哺中华：启示与借鉴 ……………………………………… 118

附录 I ◎ **日本文化论议：基于中国的视角** …………… 127
　　鲲鹏之翼 ……………………………………………………… 128
　　佛教东传 ……………………………………………………… 132

日本文化的黎明 ……………………………………………… 136
日本传统文化的坐标 …………………………………………… 139
日本文化的近代化 ……………………………………………… 144
日本文化的论理 ………………………………………………… 148
日本文化的特性 ………………………………………………… 155
小　结 …………………………………………………………… 159

附录Ⅱ ◎ **在日经历与游学感怀：赴日游学总结报告** ……… 163
往事记忆 ………………………………………………………… 163
决定赴日 ………………………………………………………… 165
阶段划分 ………………………………………………………… 167
游学阅历 ………………………………………………………… 170
生态分析 ………………………………………………………… 173
小　结 …………………………………………………………… 179

参考文献 ……………………………………………………… 181
后记 …………………………………………………………… 191

序说

东京游学讲述：走向东京学艺大学

游学缘起

东京游学是意想不到的机遇，毕竟出身于中国东部的偏远农村，在历经艰难求学的路途之后，终以较为优异的成绩到北京师范大学上学。中国社会此时（1990）正处于改革开放蓬勃推进的重要时期。家乡虽然属于中国农村改革的起始省份（安徽省）管辖，但在这个偏远的乡村，直到20世纪80年代，才正式实施家庭联产承包责任制度，从此才逐步地进入发展的快车道。其实，中国城市建设也与农村的发展基本上保持同样的步伐。

北京师范大学位于北京市海淀区，处于著名八大院校汇集地的边缘，但从北京城区的地理分布来看，属于相对中心的区域。但在20世纪90年代初期，大学周边的发展还并不迅速。求学的历程虽然辛苦备尝，但就读于此也乐在其中，特别是大学的图书馆，给予了笔者无限的求知空间。在求学七年之后，获取了教育学学士和硕士学位，随后就职于教育部直属单位——国家教育行政学院。然而在求学期间，北京的面貌可谓焕然一新：首先三环路实现大规模的改造，随后进行四环和五环路建设，由此带动周边地区的建设与发展。特别是工作（1997）之后，北京可谓向现代化的国际大都市不断迈进。其实，中国的发展并不是局限于北京，而是扩展到所有的城市与乡村。中国不仅成为国际社会公认的世界工厂，而且也是规模庞大的建筑工地。由上可知，在改革开放政策实施之后，中国社会出现了翻天覆地的发展与变化。处于这样社会背景和芸芸众生中的一分子，也受惠于当代中国的飞跃发展。

忆及1997年毕业之时，前往当时学院借用的办公地点：北京大学昌平园，当时的交通道路是尚未整修的八达岭高速。在到达昌平县城之后，需徒步前往学院所在地，尚有半小时的路程，即使坐上鲜有的三轮车，也还要一刻钟的时间。当然在工作期间，学院也有班车往返，但是早出晚归加上道路颠簸，那样的感受令人难忘。在1998年南迁大兴之后，学院焕发出新的发展生机。虽然大兴的建设还是在最近几年才基本完成的，特别是学院周边的地域。讲明上述北京和学院的变迁，只是为了阐明中国所获取的巨大发展与进步，作为个体人而言也受惠于这一伟大的发展成就，应该说这也是个人成长的环境与机遇。

前往东京游学的机缘，也源于中国社会和学院的发展与进步。作为教育部直属单位，学院的环境具有较为浓厚的行政性色彩，犹如1917年蔡元培担任校长之前的北京大学。工作于这样特殊性质的学院，社会赋予学院的职能就是培训教育系统的领导干部。仔细体味起来，存在这样的行政性色彩也是理所当然的状况。学院在获取较大发展之后，无论从资源还是人才配置角度，都出现前所未有的充实与发展，当然也就对青壮年的职员提出了更高的要求，其中就包括选聘和培养高学历的人才。正是出于这样的机缘，笔者在2003年前往北京大学攻读博士学位。虽然这条道路可谓荆棘丛生、艰险异常，但在多舛的求学路途中，获取了学业精进的不竭动力。在此期间，学院给予笔者前往东京游学的机会。当时笔者正率高校中青班学员赴江苏省考察。正值晚席中，接学院人事处长电话，征询前往日本游学的意见，当时即予答复。

讲述至此，不禁回想起在北京师范大学攻读硕士学位时的逸事。在攻读硕士研究生时，笔者专业是中国教育史，研究方向是中国近现代教育史。当时专业上有四大导师：王炳照教授、郭齐家教授、俞启定教授、何晓夏教授，而以王炳照和郭齐家教授更为有名。但两者的学术风格却迥然相异：前者思路开阔，善于宏观研究；后者细微处着手，注重教育家思想研究。两位导师的性格也存在显著的差异：前者为人豪爽；后者为人谨慎，但共同点就是都有浓郁的关爱学生之心，对待学生和蔼可亲。其实对笔者而言，郭齐家教授尚有提携之恩；王炳照教授则有愧疚之心。记得硕士毕业前，准备报考王炳照教授的博士研究生，但报名之后放弃了考试的机会，最终选择先行就业。俞启定教授也很有魅力，为著名导师毛礼锐先生的博士生，对待学生也关爱有加。何晓夏教授为人和蔼、指导细心，其实她还与王炳照教授有同窗之谊，主攻方向是中国学前教育史和近现代教育史，而笔者则投其门下攻读中国近现代教育史。

正是在这样的学术环境之中，笔者在学业和研究上获取了较大的发展。其实，东京游学的前因还应追溯到这段时期所举办中日合作研究项目的交流。在读期间，北京师范大学与东京学艺大学共同开展中日教育近代化比较研究项目，并邀集在读研究生参与外宾来访的学术交流。这正是笔者对赴日游学产生兴趣的源头，也是毅然接受学院指派、前往东京游学的前因。

赴日前夕

在答应赴日游学事宜之后，笔者仍随团完成在江苏高校的考察任务，走访当地的教育行政部门、高等学校、新兴特色企业和革命名人故居遗址，以及风景名胜，到达南京、南通和苏州等城市，参访南京大学、南京师范大学、江南大学和南通大学等当地高等学校。印象特别深刻的是前往参访清末进士张謇故居及其创设的南通博物院，深为这位前辈的社会行止所震撼。慨叹当今社会所呈现"言者众而行者寡"的现实,更为感佩张謇开展实业教育的见识,以及创办南通博物院的远见。张謇实业教育思想及其实践正是现代教育的雏形,充分地体现出大教育的思维模式;承载张謇大教育思维的南通博物院仍能保留至今,并成为展现其光辉思想的历史载体,令人感到万分庆幸。由上可见,中国社会蕴藏着许多创新的智慧,但往往湮没于芸芸众生、消逝于社会潮流,而难以获取推展的机遇。在清末中国特殊的社会发展阶段,即李鸿章所言"千年未有之变局"时期,注定了张謇的社会行止将遭遇失败的命运。

从江苏回学院之后,首先是处理考察全程的经费结算,然后办理东京游学事宜,比如填写申报表格、设计项目课题、办理出国证明和签证等,往返于游学服务中心和日本驻华使馆,以及办理出国证件的服务机构。在规划游学目的地时,决定选择日本首都东京,在大学选项上也特意选择以东京学艺大学为第一志愿。其中,就有攻读硕士时期中日学者有关教育近代化比较研究交流研讨会的前因。在游学选题上,决定调研日本大学校长学术权力配置模式及其运行机制等研究问题。最初选题设计是要做中日比较研究,特别是设想在日本首都东京选取著名大学作为研究个案,比如东京大学、庆应大学、一桥大学和早稻田大学,以及东京学艺大学,甚至设想再做北京师范大学与东京学艺大学之间相关比较研究。

由上可见,在赴日游学前夕,笔者无论是在相关程序还是研究选题设计上,都已做了较为充分的准备,可谓万事俱备只欠东风。当然还存在另一项重要的任务,即完成博士学业,其实此为承诺前往日本游学最为重要的另一内因。毕竟从2003年北京大学教育学院入学之后,经历一年的专业课程学习、多次程序性的考试,以及数个项目研究选题,笔者可谓付出极大的努力与精力。但在即将满四年学习期内,尚未实现完成学业的心愿,因此也想利用赴日游学的时机,继续对已完成的博士论文初稿进行认真修改与最终审定。为此,笔者特意将学习期限延长一年,以更好地完成博士论文研究与修订任务。

乘机赴日

在完成赴日前夕的诸项程序之后，获取了赴日所有的资格与条件，笔者就开始安心地等待集体赴日的时间。2007年10月25日，终于可以按期起程。当天全家起床都很早，为的就是要提前赶赴首都机场，但路途中还发生了小插曲：匆忙中难以找到前往首都机场的道路，在咨询多位路人之后才驱车进入机场高速。此刻虽有眷恋，但必须起程前往。完成各项登机手续后，随即登上前往东京成田机场的航班。在飞机上坐定之后，笔者才发现同行的都是赴日游学生。坐在旁边的是来自武汉的青年教师，即以后在祖师谷会馆中所遇见单君的同事。

到达东京成田机场之后，日本文部科学省已专门派人在机场接机，办理相关登记手续，并给予2.5万日元/人额外生活补助费。或许这样的做法体现出日方对接待中国游学生的热心态度，给予较好的第一印象，但程序耗费近两小时。虽然在前来的飞机中，与部分的同行者存在一些交流，但范围相当有限。在成田机场等待办理手续时，可以与更多同行者进行较为深入的沟通与交流。其实绝大多数的游日学生都相互认识，因为此前在吉林长春东北师范大学共同进行了为期10个月的日本语言培训。

同行的游日学生有三大类别：一是准备在日本的大学中攻读博士学位，即预备上博士后期课程的大学院生；二是在中国大学中的日语专业中年级学生，即前来日本学习一年的日研生，之后回到中国各自大学中完成本科学业；三是从中国各中等学校选拔前来日本学习的教研生。在前往东京成田机场的航班中，就有来自湖南的教研生许君，其获取到这样的资格，尚需通过选拔考试与面试程序。

在成田机场办完手续之后，分批乘坐日方提供的交通工具前往各会馆，笔者的落脚点是位于世田谷区的祖师谷国际交流会馆。其后很多事情的记忆就发生在会馆与东京的各大学之间，当然还包括日本这个国家和东京这座城市。

会馆印象

在成田机场办完相关入境和接待手续之后,日方派车分批接送旅居会馆的游学生。笔者前往的是位于东京都世田谷区上祖师谷的国际交流会馆。车辆驶出成田机场之后,给人最为深刻的印象就是车少路狭,车辆行驶起来还算顺捷,但行驶的很多道路都是胡同里巷,甚至难以符合中国道路的双车道标准,好在道路上的车辆较少,在经过较长时间的奔驰之后,终于到达位于祖师谷的国际交流会馆。

当然,后来在此长时居住之后,逐渐地了解到东京地面交通的这种情况。首要原因就是东京地下轨道交通的发达,大多数人出行选择地下电车轨道交通,而并不太愿意乘坐公路交通,虽然日本公交系统也比较发达,只需刷卡就可以乘车;其次就是居住此间的日本人,虽然户户都拥有汽车,但除了节假日全家出行之外,一般都不愿开车上路,由此导致虽然基本上户户有汽车,但大多时候都停在车库,而只有极少数行驶在街道。街道上最常见的是公共交通和出租车辆。

其实,从成田机场到祖师谷会馆,也存在乘坐轨道交通的条件,路线就是从成田机场到日暮里,然后转新宿前往成城学园前站,随后步行一刻钟即可到达。但日方会馆还是主动派车接客,确实令人感动,以致久久难以忘怀。由此也就对日方会馆产生较好的第一印象。当然,在此后长期的会馆生活中,也感受到会馆服务存在诸多令人难以接受的做法。

到达会馆之后,首先就是分配居住房间并领取钥匙,随后会馆组织前往会议室开会,其间就有来自罗马尼亚的在日游学生。大家对罗马尼亚都有印象,"苏东剧变"之前属于"华沙条约组织"成员,建立的是社会主义国家,领导人齐奥塞斯库在中国是相对较为熟悉的政治人物,由于中罗两国都属于社会主义国家,因此很早就建立了外交关系。应该说,罗马尼亚是中国的友好国家。但"苏东剧变"之后,齐奥塞斯库政权被推翻,其本人被反对派施以绞刑,当然其家庭成员也遭受迫害。此后，罗马尼亚的国家政权性质出现转折性的变化，投入西方国家的阵营，表明西方对东欧国家实施"和平演变"战略获取了成功。

中国在"苏东剧变"时经历了"八九风波"的严峻考验，但在邓小平等中国杰出领导人的英明决策下，坚持解放思想、实事求是，采取坚决措施维护国家政权的持续性，在改革开放中获取了极大的成就，在国际交往中摆脱了意识形态的禁锢，坚决实施和平外交政策，因此也就保证与演变了的国家保持正常的国家关系，并在友好交往中坚决维护国家和民族利益。"苏东剧变"之后，中罗关系的发展情形，以及罗马尼亚在日游学生的日常作为，就是较为典型的例证。

在会馆组织的接待会上，先是由日方人员介绍会馆情况及在此居住时的注意事项。首先隆重推出罗马尼亚在日游学生做翻译，这是个相当文雅且有气质的女生，中文基础扎实，听说流利，交流顺畅。她对中国极为熟悉，曾在南京大学攻读博士学位，毕业后在中国难以找到合适工作，听说只有一所民办高校表示愿意接受，但她并未称心如意，同时她也不想学成归国，于是就来日本继续游学深造，并在东京兼职谋生。她对中国游学生表现得相当友好，体现出对中国的美好情感，或许这是她在中国游学时积淀的对华情结。

会议之后，由馆方人员带领，参观国际交流会馆，馆内设施包括一层的咖啡厅和电视房，二层的图书馆和研修室，每周固定安排心理咨询的办公室，以及位于地下的文娱活动场所。馆方管理机构位于会馆一层，固定职员约10人左右。管理门禁的是一位相对老者，其余大都是年轻人。后来还了解到，会馆还有日本志愿者，大多是四五十岁的中年妇人，其中还有东京大学的毕业生。这个特殊人群让人感到有些疑惑。

在此后会馆学习与生活中，日本志愿者给人留下较为深刻的印象。主要表现在：一是无论在白天还是夜晚，经常在会馆一层咖啡厅和电视房出现；二是在日本志愿者都表现得非常热情，经常主动与会馆游学生搭讪与闲聊，关心游学生的学习与生活；三是不时主动地推荐业余语言教师，并申言提供免费服务，而且经常主动地与游学生进行日语交流；四是在特殊节日参与会馆义务服务，为在馆游学生免费提供餐饮服务。当然在很大程度上，他们对中国游学生表现得更为关注，经常关心中国游学生的学习和生活情况。更为重要的是，经常通过中国游学生了解中国社会的事情，甚至询问得非常仔细，关注诸多细节问题，特别是对中国游学生的中日认识比较关注。另外，就是给在馆游学生提供咨询服务，比如介绍和推荐会馆周边的游泳馆、体育馆和武道馆等设施，引领旅居会馆游学生更好地适应日本社会。

初来会馆之时，确实对会馆的内部管理和服务感到发自内心的钦佩，比如在派往机场接送中国游学生专车的前端，放置了两束鲜花，表达日本馆方的盛情。到达之后，馆方及时安排住宿、召开会议和引领参观，以及介绍在馆旅居的注意事项，甚至还告诫不要给窗外的流浪猫喂食，以免其经常前来会馆。会馆给人最为深刻的印象还是卫生和宜居的环境，特别是内部卫生状况。会馆在诸多细节上做得非常到位，比如公共卫生间提供免费用纸，日方提供的用纸均为单层，体现出日本人的节约传统；再就是公共浴室，设施的设计比较简朴，但却显得合理而适用。会馆卫生由专人负责，每日清晨都有卫生员用机器把地板清扫干净，比如洒水、清扫和烘干都由机器完成，体现出日本社会生活中的现代化，当然这与中国社会中使用扫帚和拖布等原始器具相比存在优势。

由上可知，日本社会生活中的现代化更大程度上体现为日常社会生活中的人性化，科学与技术的运用并非仅仅体现在高科技的发展上，也体现在日常社会生活的现代化上，特别是把社会大众从繁重的体力劳动中解脱出来，并努力地提升日常社会的生活质量与服务水平。馆方还提供特别的服务，比如组织消防演练、文体活动、外出参访、旧品交易和用工信息，甚至按照传统习俗，组织富有本土色彩的文化祭，包括插花、剑道、书道和古筝及人形展示，甚至民间美食，主要目的是向国际游学生推介日本的传统文化。同时，会馆还利用游学生的国际身份，组织富有国际色彩的文化活动。

会馆周边

寄宿会馆等事宜安顿完毕之后，便开始审视和熟悉居住的新环境。考察会馆周边，最初很欣赏雅致和静谧的氛围。在会馆正门前，有一株合抱的巨型树木，周边布满四季常青的灌木和其他树木，其间还有一处樱树园。会馆周边设有室内篮球场和室外网球场，外围是居民区，其中有两幢相对而立的高层建筑，每幢约六七层。地面层为公共空间，采用敞开建筑的样式，仿佛国内高架桥的涵洞，其内则停放自行车和摩托车等便骑车辆，楼房的旁边还有汽车公共停车位。最感兴趣的是其间的粗大古柏，分支较少，树干高耸、直插云霄，能令人感受到强烈的历史感，而且显得古朴庄重，透着典雅情致。

会馆周边分布着几处购物的区域，比如"戴索"百货商店，货品多在100日元，再加上日本消费税5%，因此大多数的商品价格为105日元。店内还有少许超越此价格的商品，比如箱包类，但大多只是以耐用为特色，价格不算高昂，多以实用为主，此可谓进入会馆之后首先前来购物的场所。会馆的南向街道两边还有部分小型的商店，包括便利店。除了办理缴费事宜之外，游学生很少到这种小型的商店购物，毕竟其商品的流通量比较迟缓，但这些便利店却存在比较优势，即可以在此缴纳房租和手机等相关费用，以及购买各景区的门票之类，其他商店在这方面都不具备。

另外，在靠近会馆的西北部，还有两处比较大型的商场和超市，但商品的价格相对比较昂贵。在会馆中生活，经常要到这处超市购买用品，比如大米、食盐和油品类，这方面是"戴索"百货商场所无法比拟的。与国内商品的价格相比（2007年人民币兑日元汇率为1∶1.5），日本生活用品的价格相对高昂，比如一根大葱就需要97日元，一个苹果甚至要超过100日元，牛羊肉类价格显得更为高昂，但鱼类价格反而相对低廉。当然上述价格上的比较都是相对的，比起国内相同类别商品的价格显得相对高昂。

由此看来，在审视一个国家的人民生活水平时，不能仅仅考察收入的数额，而应将生活商品的价格考虑在内，即更应注重生活的质量。从上述角度来讲，中国居民的幸福指数要高于日本。当然，这也仅仅从物质生活方面来讲，毕竟居民的幸福度还要考虑政策、制度、生态、精神和环境等因素。从研究学问方面而言，还应考虑言论和发表的自由，以及学术质量保障的程序与机制等因素。

另外要谈及会馆周边的交通。东京交通比较顺畅。会馆周边设有公共汽车站点，出租车也在周边停靠。步行一刻钟左右，就可以到达成城学园前站；步行20分钟左右，就可到达仙川站，两处都是东京轨道交通的重要站点，并与日本地下轨道和铁路等交通网络连在一起。由此出发，可以很便捷地到达日本各大城市及小型站点。当然，还有一处地方更值得用些笔墨，此即位于会馆附近的祖师谷公园。

地域公园

谈到日本这个国家，素以精巧、别致和小型化著称，比如街道狭窄、居住区鳞次栉比，虽然具有较好的秩序，但是显得相当拥挤。在这样评价日本时，却忽略了其中两个方面，此即日本的神社和地域公园。在此小型化的别致国家，却给神社和地域公园预留了较大的空间，当然靖国神社更不用说。从占用空间角度来讲，公园更甚于神社。毕竟公园还存在文化、休闲、防灾和集会等其他社会功能。

会馆周边有一处较大公共活动的区域，即祖师谷公园，从会馆步行只需两分钟，且以开放的形式呈现给地域居民。公园四季树木葱茏、环境优美，河流从中穿行而过，时常可见成群的野鸭，扑腾嬉戏其间，别有一番田园的气息。日本河渠整治得非常细致，而且表现得很大气，河堤多以平整巨石垒砌而成，并有较大高度，这对季节性洪灾起到较好的防护作用。河流的水面与顶部之间的高度差约有六七米，从宽度上来讲也足有13米，中间还存在冲积形成的沙石带，其上草木丛生、花开四季，为野鸭筑巢的好去处。

公园内修就较多柏油路，设有多处饮水处和公共卫生间。公园内种植树木和草坪，设有充满朴素气息的休憩凉亭。在夜晚和节假日，附近居民就会在此活动，但人数并不多。日本居民的生活线路基本上保持在位于住地附近的地下轨道交通和单位之间，显得相当繁忙，因此少有居民外出闲庭信步。公园还承担另外的用途，即为附近小学校提供体育和游戏的场所，有时可见大批学生在此举行跳绳和排球等体育游戏，或许这与地域学校的空间狭小存在关联，毕竟公园离地域学校并不远。

另外，地域社团每逢各种祭日，即日本的节日或"红日子"，在此举办形似中国庙会的社会文化活动，比如提供特色小吃，开展小型娱乐活动，以及销售小型玩偶物品。但还有一点是中国庙会中所没有的，就是预防地震和火灾等灾害的消防演习。各种项目的形式也要比中国庙会小得多，甚至还比不上中国乡镇和城市的早市规模。在上述社会文化活动中，掺和着各种社会组织的口号式主张，宣传各种理念和观点，社会舆论和政治气息表现得非常明显。或许这与比邻国际交流会馆存在关联，渗透着文化宣传、传播和渗透的意味。

公园中有时会遇见身穿旧日本军服的右翼，手中牵着狼狗，给人以历史与现实交汇感。毕竟通常情况下，这种装束也就是在靖国神社、昭和馆及皇宫附近可以见到。在公共公园内出现这样的装束和形态，应该是毗邻国际交流会馆的缘故。由于公园距离会馆较近，因此也就成为了中国游学生常来的活动场所，比如晚餐之后前来散步、聊天和议论。

其间笔者曾在此多次与单君和陈君讨论、闲聊各种问题，比如东京大学游学生办公室和导师教授对单君的歧视与迫害，以及畅谈中日文化、社会、历史、教育和经济等方面的问题。另外，就是独行时对中日相关问题的思考。其实在游学结束之前，游学报告的撰述思路就来源于在此处散步时的瞬间灵感，并由此完成日本文化、社会和教育论议方面的阐述，公园也就成为在会馆旅居期间观察、讨论、思考和分析中日诸领域问题的重要窗口，同时也是交流和研讨中日社会、政治、经济和外交等方面问题的重要场所，感到存在几许的忆念之情。

办理签证

在东京安居之后，按照会馆设定的程序安排，在工作人员带领下，与在住国际游学生一起，前往世田谷区"市役所"（相当于中国城市的区级政府部门），办理在日居留证件和相关手续。大家基本上都是首次来日本，而且大多数还是初出大学校门的在学或毕业学生。当然，我们几位教研游学者除外。但即便就我们而言，也是初出国门，对日本的社会生活也并未深入地了解，仅仅存在书本上的些许认知。在早晨约七点左右，会馆人员就开始组织集结，先是乘坐公共交通，前往成城学园前站的公共汽车站点，然后再转车前往世田谷区"市役所"。

笔者当初对日本的交通存在两方面的印象：一是虽然日本道路较为狭窄，但交通却相当顺畅，当时存在诸多的疑惑。现在看来，主要是由于东京地下轨道交通系统非常发达，可谓四通八达，密度非常高，带来极大的出行便利，这样也就没有必要再驾私家车出行。二是日本公共交通给人以秩序井然的印象，不仅来往公共汽车的时隔较短，而且车站中能做到排队等候，虽然每个站点设施都相当简朴无华，上车之后基本上旅客都会找到座位，装载不下的旅客会主动地等待下一趟车辆的到来，因此不会发生拥挤上车的景象。或许这就是日本社会的素养和文明，但还是以地铁轨道交通和公共交通系统发达为前提的社会表现。

从上述角度而言，日本交通呈现出的社会景象是一种必然。当然，中国交通呈现出的社会现象也是一种必然，毕竟中国城市和乡村并不能给公众提供这样发达的交通系统设施，由此也就出现一些素称不文明、缺教养和无序化的社会现状，当然也就在交通服务中出现诸如粗暴和非理性的各种社会行为。可以想见，目前中国社会所呈现的诸多问题，确实是社会发展阶段中的必然反应，毕竟经济基础决定上层建筑，物质决定精神，看来马克思主义观点具有普遍的社会适应性，对中日所呈现的社会现象具有一定程度上的诠释应用价值。乘上公共汽车之后，不免带着新奇眼光观察窗外的景致，比如特别狭窄的街道、分布道旁的古树和低矮拥挤的居民区，以及极为少有的人流，确实存在古朴、小型和别致的感觉。当然，还存在极为深刻的观感，即日本社会的有序和街道的干净。

到站之后，在会馆人员的带领下，步行前往世田谷区"市役所"——这是日本地域社会的政治中心，其中的设施和机构都显得很完备，建筑以大型四合院为格调，办公楼的中间有较大的活动场地，可能这是符合日本社会政治的基本布局。毕竟在某些特定的发展时期，日本各种社会组织会在这样的活动场地集会，并提出相关申诉。这是日本社会按照规则形式和理性方式所呈现的政治行为，而并非就是与政府的对抗，即并非就是采取非理性和暴力的方式，从而达成政治目标的社会表现。

走进"市役所"的内部，首先的感觉就是布局虽拥挤但井然有序，内部采取集体柜台办公的形式，将较大的空间分隔成不同的办公区域，间隔处还放置一些座椅，以便来此办理相关证件的人员休息，并排队有序地完成相关的办理程序。其内的工作人员在日本社会中属于公务员系列，但表现出极为负责的服务态度，比如按序、谦恭和认真，而且很有礼貌。内部还提供饮水和方便处，有"以人为本"和宾至如归的感觉，其实这正是政府部门所应表现出的平常状态。

办理登陆证和保险卡之后，会馆人员带领各位国际旅游学生在其内休息了一会儿。乘着此段闲暇的时间，笔者对其内部的工作情景做了更为进一步的观察与思考。办理证件的过程是具有程序性、服务性和人性化特征的经历，充分地体现出日本以公众利益为核心的政府管理样态，这样情治和非人治（法治）的政府管理模式值得中国政府和社会管理部门吸收与借鉴。目前，中国政府所提倡创新政府和社会管理方式的做法，可谓适当其时，并可以在西方政府和社会管理经验中获取一些现成的经验模式，当然也应注意到日本政府和社会管理模式上的比较优势。

城市地域农业

在毗邻旅居的会馆附近，存在多处值得关注的风景，包括实施社会教育的儿童馆、应对老龄化社会来临的养老院以及供给城市绿化的园林种植处，而最让人感慨的是地域农业种植园。毕竟前三项在中国城市的周边虽然并不普遍，但存在类似的机构和处所，只是城市地域农业种植园在中国城市规划中很少见。其实这在日本城市地域土地功能规划中是必不可少的组成部分，虽然在中心街区难以发现这样的种植园，但只要走出核心地带，不经意间就会在城市中发现规划的地域农业种植园。

地域农业种植园内种植着一些瓜果、蔬菜，土壤看起来也格外肥沃，有一点像中国东北地区的黑土地颜色，其内往往可见一些现代化的机械设施和两三位勤恳劳作的农业工人。日本的农业工人穿着异常朴素，显著的标识是头戴白纱巾，这也是日本社会中体力劳动者的通常装束，比如修剪工、装修工和电修工都是这样的装束。一般来讲，散落在日本城市中这样的地域农业种植园，面积并不很大，大者只有两三亩，小者甚至一小块。种植园中施用的都是典型的有机肥料，比如碾碎的菜叶和秸秆类，可谓做到资源的循环利用，这样既不会产生各种类的植物性垃圾，而且还为土壤提供了极为必要的有机肥料。

由上可知，日本城市地域农业种植园中生产的瓜果、蔬菜都是有机食品，当然只是就近销售。主要存在两种途径：一是在种植园附近，搭建规模不大的自售区，采取无人看管和自愿购买的销售方式，即将收获的瓜果、蔬菜做好分类包扎，然后贴上价码标签，整齐地摆放在自售区内，并在旁边放置储钱箱。顾客在挑选瓜果、蔬菜之后，主动地将消费总额投入储钱箱内，然后就可以带走想要的瓜果、蔬菜，这样就算完成了供销的过程，此即日本城市中最为基层和古朴的小型农贸市场。二是将瓜果、蔬菜就近销售到附近的超市，其实这是节约成本和互利双赢的农商结合模式。当然，日本社会的服务行业工人都兢兢业业，表现出极其认真和细致的办事态度。比如，农业工人在准备自产瓜果、蔬菜商品之前，都是先进行认真和细致的清洗，然后进行分类包扎，并尽量地保持待售商品的卫生和美观，而不让商品中存在污泥和浊水之类的残留。

日本城市存在大量地域农业种植园，并非仅仅存在会馆毗邻处，比如学艺附近也存在这样的地域农业种植园，且无论是会馆所在的世田谷区，还是学艺所在的武藏野区，目前在日本都属于东京都的相对核心区，世田谷区在东京城市中的位置更是如此。其实这里体现出日本城市规划和布局中的理念，目的就在于保持地域社会生活的循环运行，实现地域社会生活的自给自足。正因为如此，在东京未见到类似北京新发地这样极为庞大的瓜果蔬菜集散中心，并以此服务于市区居民的生活需要。

日本城市地域农业种植园存在多项比较上的优势：一是实现了城乡之间的有机融合，保证了地域社会生活的循环运行。二是满足了地域社会居民的生活需求，减少了其中必需食品的流通环节，实现了地域社会对瓜果蔬菜类食品的自给自足。三是减少了食品的运输环节，既节约了劳动成本又减少了城市污染。四是地域农业种植园的存在模式还具有绿化环境的社会功能，显然这比种植草坪更具有社会综合价值。五是实现了地域社会的部分居民就业，也是推进社会就业的全新思路。

由上可见，日本城市地域农业种植园的做法与经验值得中国在推进大中城市扩张和小城镇建设中吸收与借鉴。其实类似东京都这样的城乡结合布局，还具有极大的社会效应，比如推进大中城市功能的合理分散，可以有效地避免城市功能过度集中的弊病、工作和生活上的不便，以及由此造成的道路拥挤和环境污染，并有助于推进城乡布局的功能融合，显著缩小城乡差别，减少社会运行成本，从而提升城市社会运行的综合效率，更好地推进社会公平和正义，促使社会实现循环、和谐、持续和科学的发展。

仙川商铺街

在会馆的周边，最大规模的商铺是位于仙川的商铺街，距离会馆步行约 30 分钟，沿途经过祖师谷地域的社区。到达仙川之时，最显眼的是地下轨道交通仙川站。仙川站的周边是地域社会的最大商贸中心，其中进驻多个较为大型的商场，当然更多的是小型商铺，特别是具有中国小镇特色的商铺街。在东京游学期间，笔者经常在商铺街游逛，最感兴趣的是位于仙川站附近较为大型商场中的诸多商店、商铺街中的古本书店，以及面向大众日常生活的百元店，当然还有一些小吃店。日本店铺多设在有轨电车站附近，这样的规划与设计存在合理的方面，毕竟日本人在交通出行时多选择轨道交通，因此轨道交通站点附近也就成为日本社会商贸活动的理想场所。

仙川站附近的商铺街也如同其他的集市场所，设有小规模的古本书店，因价格低廉，就成为在日游学期间经常光顾的场所，当然也很契合笔者所从事历史研究的背景。古本书店的规划与设计具有一定的普遍性，因此在轨道交通站点附近，都会找到这样的古本书店，比如新宿"book-off"书店和武藏野的古本书店，当然还有大学周边及神保町等地的古本书店。逛得最多的还是早稻田大学、东京大学周边和神保町的古本书店。虽然在仙川商铺中这样的古本书店规模较小，但因路径便利，有时还特意去溜达一圈，以找到合适的古本图书。

百元店也是其中重要的去处，主要前往购买日常生活用品，考虑的还是价格低廉，有一点儿像中国地域社区周边的二元店或十元店。从规模上来讲，有一点儿像中国地域社区周边所设置的中小型超市。百元店的销售模式现已成为日本社会日常用品销售的典型模式。有位中国游学生石君，在和歌山大学攻读修士（相当于硕士）学位时，以百元店商业模式为研究对象，进行深入的分析，并撰述毕业研究论文，获取修士（硕士）学位。但在等候毕业典礼期间，被发现遇害于宿舍内，后来据日本警视厅调查，石君因与日本姑娘恋爱，但又准备毕业之后离日归国，带来杀身之祸，当然这仅是日本警视厅的说法，随后也未知最终的结果。但石君对日本社会日常生活消费用品的这种销售模式（百元店）研究，具有商业推广的社会价值，因此也就引人深入地思考。

其实百元店中90%以上的商品都是"中国制造"，这是国际产业分工造成的结果，因为在较长时期中国都是"世界工厂"。虽然"中国制造"在国际社会中具有相当高的品牌价值，但商品却处于国际社会中的低端，并遭到西方各国的普遍压制，表现在国际市场中以极为低廉的价格销售，虽然面向社会大众的日常消费，但在日本社会市场中大多都以100日元计价，按照税务规定5%税率计算，也就是105日元。正是由于存在这样的销售模式，在日本对华进口贸易中，日本社会和市场部门就采取统一价格的方式，在中国各商品制造场地进行大宗采购，并统一配置到日本地域社会规划设置的各种类型百元店，由此也就占据日本对华进口日常生活消费商品的定价权，以及形成较强实力的买方市场，这就给"中国制造"商品定价造成极大的危害，并由此形成处于低端商品的思维模式，因此也就对"中国制造"品牌的确立和发展造成极大的阻碍与威胁。

当然，还应提及仙川商铺街中的小吃店经营模式。这类店铺多以快餐为主，但经营模式并非采取群体吃喝的中餐模式，而是采取份饭快餐的西餐模式。最为典型的就是具有国际品牌、在中国大城市也存在的"吉野家"（2008）。

在日本的经营规模要比在华经营规模显得更为小型化，店内布局也没有中国城市中那样的高雅，而是采取类似中国公司椭圆办公桌那样的布局设计，显得非常拥挤。但服务则是高质量的，不仅服务人员表现出相当的热情，以及采取免费提供饮用水等人性化的经营模式，而且餐饮者也能维持较好的就餐秩序，共同营造良好的就餐环境，少有大声喧哗，以及抽烟、喝酒，更没有随地吐痰等恶习。即使在小型化市场，在仙川商铺街还没有发现诸如"吉野家"这样的快餐店，但其中的小吃店也都采取类似的经营模式，并同样维持较为良好的就餐秩序与环境，给就餐者以舒适、卫生和文明的深切感受与印象。

成城富人区

东京城区和郊区差别并不明显，城市地域社会还规划有农林种植园。非但如此，除了城区核心地带之外，其他地域建筑都非高层，多以两层低矮建筑为主，而且相互间隔都不是很大，区域内又存在地下轨道为主的互连交通网络，体现出东京大城市的规划与设计特色。当然此种大城市的规划与设计有别于中国。中国大城市建设多划分出中心城区、郊区和农村"三大"地带，城市功能服务多集中在中心城区。但东京大城市的规划布局却呈现出平铺的模式，实现了城乡融合，缩减了城乡差距，从而促使东京乃至日本社会日益呈现出市民化的发展趋势，日益走向市民社会。然而，中国大城市的规划布局却表现出极为明显的层次特征，导致存在城市中心与郊区、农村的显著差别，日益加大城区与郊区、农村的发展差距。改革开放之后，虽然中央政府做出大力发展小城镇的决策，但相较大城市发展而言，小城镇化的速度并不快，造成差距并非日益缩小，而是不断地扩大，因此中国社会尚未达到市民社会。但日本社会也并未做到完全的公平和正义。日本社会存在贫富差距，这是资本主义国家普遍存在的社会现象，并存在资本主义经济和社会制度上的根本保证。

在前往成城学园前站的路途中，存在一处富人区，建筑以宽宅大院的别墅风格为主，居住着东京都内的达官显贵，包括政界名流和富商巨贾。此前已谈过，除了核心街区之外，日本城市多以两层的建筑为主，但在城市普通地域社区之内，房屋之间相对较为拥挤，甚至堪比中国从前城市布局中的胡同里巷，仅仅预留行人走廊。但在成城富人区内，每户都拥有较为宽大的庭院，这与中国城市中少见的巨型别墅存在某种相似，但整体上则表现为典雅精致，以及富有自然和人文结合的气息。

在宽宅和大院别墅外侧，通常是围墙与外界隔绝，建设材料以木质和铁材为主，并在出入口建有别具特色的门栏，设计足以方便车辆的出入。庭院内栽种各种特色的林木和果树，并经常修剪整齐，可谓千姿百态。日本人非常爱花，樱花是最爱，但在富人区，除了街旁栽有多年巨型樱花树之外，庭院内很少栽种樱花树，而多选择其他林木和花卉，特别是灌木和果木的品种。在富人居住区，四季都可以见到盛开的鲜花，特别是到了秋季果实成熟的季节，还可以看到各种果实挂满枝头的壮观景象。但日本社会很少有人随意攀折这样的园林果实，遂成为当地社会中的美丽风景。富人区庭院的核心部位还是房屋建筑，虽然没有中国古代典型建筑的豪华装饰，但外观显得典雅和高贵，特别是平直屋脊和高挑栏檐，极具东方古代建筑的神韵，而且用材多以木质为主。

富人区还有一处政客人家，应属议员以上的等级。门栏前经常可见站岗的警卫，彻夜在周边警戒和巡逻。这处建筑也显得格外的富有特色，不仅体现在门栏格外宽大厚实，而且外部的围墙都是实木建筑，内部建筑就更厚实坚固，园内的设施也显得更为高贵。在东京城市内拥有这样豪华的别墅，也只能是日本政府的要员。由上可知，在日本这样发达的社会中，也并非呈现为均富的发展状况，也还存在贫富差距，其实这正是由资本主义经济和社会制度所决定的，并不令人感到奇怪惊讶。由于在社会地位、知识能力和发展机遇等方面存在各种差异，日本公民之间也还存在经济和社会等方面的差别，这是客观存在的社会现象。当然更应注意到日本现已步入市民社会，城乡差别日益模糊，在政策和制度上的人为设障日益减少，正朝城乡融合的方向发展，这是日本社会发展的大方向与大趋势。比如，日本已构筑较为完善的社会福利保障体系，表现在教育、医疗、保险和养老等方面。因此，贫富差别仅仅具有相对的意义，并不会危及社会居民的日常生活，毕竟日本社会体系已达到较为完善的发展程度。

中国社会体系尚未完善，贫富差别建立在存在城乡差距，以及社会缺乏公平和正义的基础上，造成出现较为激烈的社会矛盾与纷争，而且由于社会保障机制的不健全，甚至会影响到社会底层居民的日常生活，即关系到社会民众的生存问题，因此日益成为中国政府亟须解决的社会难题。关键还是要加快社会和经济发展，努力消除城乡差别，建立较为完善的社会保障体系。其实，贫富差距并非导致出现社会矛盾与纷争的主要原因，此即"仇富不仇袁隆平"的"社会公理"，公平和正义才是中国社会和政府决策的重要基石，而主要方向则应加速建立和健全社会保障体系，包括医疗、教育、养老和保险等各领域的体系建设，并在大面积地缩小城乡差距和加速小城镇建设的同时，逐步地加快城乡融合。其中重要的方面还是要逐步地转变大城市规划和扩张模式，加速推进城市功能向郊区和农村地区的分散与转移，而并非呈现出目前城市功能向主城区发展的趋势。

因此，大力地发展小城镇，进一步地推进城乡融合，实现城区功能的分散化发展，日益成为中国社会和城市发展的理性选择。当然，随着上述方面的推进，基础设施的建设也应逐步推进到农村地区，特别是要贯通城市与城镇，促使农村呈现出城市化的发展趋势，并由此将社会保障体系覆盖到广袤的农村地区，从而实现中国城乡均衡与科学的发展。

初往"学艺"

在会馆初步安顿之后，笔者等便开始了在东京的游学生活。刚过几天，大学便联系会馆工作人员，指定在会馆大厅集合，由日本学生带领，前往位于武藏野的东京学艺大学（简称"学艺"）。但参与者并非全是中国游学生，还有其他国家派来的"学艺"游学生。生活在会馆中，成为本批申请"学艺"游学的唯一在居中国人。当然后来知道还有两位博士预科生，旅居地点是位于"学艺"周边的游学生住地。会馆中和"学艺"内也还存在中国游学生，包括学习日语的在学本科生，即日研生，前来进行为期一年的游学过程，还有就是前来攻读博士学位的预科生，即在完成预科之后，进入博士后期阶段学习的在读博士生，另外就是像笔者这样，前来做为期一年半的访问学者。最后一类是数量不少的自费在日游学生，学习的阶段囊括大学预科、在读本科、硕士（修士）、博士预科以及博士后期研究生。在大学预科以下及在日工作的也还有较大的数量。

接到馆方通知之后，五分钟后前来大厅，多位其他国家的游学生已到来。"学艺"日本人学生及会馆人员开始做路线介绍，以及说明其他注意事项。此时所见，在同往"学艺"的外国人游学生中，以韩国人数最多（达三位）。其他的大多是来自欧洲诸国的游学生，比如罗马尼亚、匈牙利和斯洛伐克，有十余人。在介绍和点名完毕之后，步行前往成城学园前站，穿越世田谷高中和成城富人区。路途的街道较为狭窄，类似北京市区改造时保留的胡同，但街道两边多处生长卓有年限的道旁树，有的足有合抱之粗，特别是富人区道旁的樱树，给人以古朴和刚毅的感受，具有十足的历史感，似乎还具有人本文化的意味。樱花是日本的国花，且沿途的樱树长得粗大苍劲，再加上富人区庭院内的盆景式花园，更增添地域环境的别致感受。应该说，对此处的第一印象美好无比，简直就是人间天堂，但这仅仅是从环境角度而言。到达成城学园前站之后，在"学艺"组织者的指导下，通过站前自动售票机购票，这是第一次经历这样的机器，毕竟即使在首都北京，这样的售票系统也是在2008年北京奥运会之后才有配置，此前只能以人工的方式购票。但在轨道交通异常发达的东京及其他地方，自动售票已成为最为常见的方式，极大地便利了准备乘坐的顾客，加速了旅客流动的速度，提高了轨道交通的服务效率。

日本交通定价以路程为标准，无论是轨道交通还是公共汽车，并不像北京这样的统一定价。从经济学角度来看，这样的定价方式符合成本—收益的原则。相比而言，优越性体现在可以为建设筹备资金、积累设施维护经费、增加交通员工福利收入，以及改善设施服务水平。乘客在付出较为高额的票费之后，获取的是较为优质和现代化的交通服务。在成城学园前站及此后经历的其他站点中，都能深刻地体察到这样的感受。站点管理人员的服务态度都非常诚恳热情，体现出一流服务的水平，给人以客至如宾的感觉。当然，这种印象还可以从乘车的氛围来感受。

作为东京最为主要的交通方式，轨道交通深受欢迎，乘坐电车的人非常多，特别是在早晚高峰时段，基本上每车爆满，甚至达到人挤人的地步，但无论在繁忙之时，还是在空闲之际，乘客都非常注重行为规范。乘坐上下电梯时，一般都站到左侧，留出右侧的紧急通道，方便急切需要快速通行的乘客；检票口和等待线之前，乘客都非常自觉地依从规定范式排队等候，按照先后次序通行或上下车，候车排队时还主动地让出下车通道，并遵循先下后上的原则；上车之后无论坐定还是站立，所有乘客乏有交谈和大声喧哗者，更鲜有接打手机者，最大的特色就是大多数的旅客呈现出闭目佯睡和思考的状态，有的手捧书籍阅读，以及手拿 iPhone 看片或游戏，当然戴上耳机以免烦扰他人。若还有第四种类型，就是像笔者这样四下张望和观察者，当然多数是来自异域的访客。

从会馆前往"学艺"，在成城学园前站乘坐小田急线电车，并需中途新宿转车。此站在东京都乃至整个日本轨道交通系统中都具有非常重要的枢纽地位，内部的结构异常繁杂，不仅有多条线路途经，而且客流量极大，但依然保持着良好的运行状态。经由新宿转乘 JR 线电车，到达武藏小金井站，然后步行 20 分钟，最终到达"学艺"。初识"学艺"，没有太强烈的感受，只觉得是相当朴素的小型大学。按照中国大学设置的通常标准，顶多也就是专门性学院的规模。"学艺"主要培养初中级学校的教师，虽然与东京的其他三所大学联合招收博士研究生，但毕竟还没有独立招收博士研究生的资格。

从上述角度来讲，"学艺"也只是专门性的大学。"学艺"并没有显要的门楣，只是在大门左侧水泥柱上，篆刻"国立东京学艺大学"的字样，旁边是简陋的警卫室。进入"学艺"之后，右侧就是图书馆，前行靠左方向是三栋连体的学生教室，其中设有行政办公室，包括国际游学生办公室。到达游学生办公室之后，就是填写相关表格，办理注册程序，其间遇见同机抵达、在"学艺"就读的博士预科生吴君和文君，以及新加坡华裔教师陈君，并完成游学注册和奖学金确认等手续，随后参加年度国际游学生集体欢迎会并合影留念。

随后，参观"学艺"各处设施，包括图书馆和餐厅。在图书馆参观，首先熟悉电子借还书系统，然后前往地下书库、阅览室和报刊室等处。"学艺"图书馆并不大，但给人以深刻的印象：一是设施和管理系统先进，不仅存在完善的借还书系统，而且设有多台投币式的复印机，这为游学期间的文献复印提供了较大的便利。二是二层设有电子阅览室，游学初期方便了与国内的联系，承担了与会馆大厅两台电脑同样的职能。

前往图书馆参观时，领队的教师是华裔香港人许先生，此后听其自我介绍，知晓祖籍上海、移居香港地区，以及在日本完成学业之后应聘到"学艺"，除日语之外只能讲蹩脚的上海话和广东话。实在地来讲，最初对"学艺"的印象并不佳，当时有点后悔选择这样的大学。毕竟与最初的想象形成强烈的反差，"学艺"难以与"北师大"相比，更遑论正在就读的"北大"。但依然抱着"既来之，则安之"的心态，完成了系列的注册手续，并开始了在"学艺"的游学生活。

最初的学习安排是日本语言课程，主要安排有文法、口语、作文、汉字及电脑文字的录入。除了语言学习之外，还安排有参访、"见学"和体验等社会文化课程，比如前往以酒类、制纸和丝绸等为特色的博物馆，以及东京都消防局等处参访，而且在"学艺"校园内和东京消防局还参与了地震与急救体验。可以这样说，这既是"学艺"对国际游学生的课程安排，也是日本社会和文化的国际宣传，从中体现出日本学校教育与社会之间的系统联系，以及日本大教育系统模式和"学力社会"教育理念。这也正是存在最初失望情绪之后，逐渐地对"学艺"产生浓厚兴趣的地方，毕竟"学艺"的教学组织和课程模式存在有别于中国的独特之处，即相比而言更能体现出能力和素质的育成，显著地体现出日本"学力社会"教育理念，由此也就着手探察日本大教育系统模式和"学力社会"教育理念的研究问题。但随着观察与分析的日益深入，对"学艺"的初始印象逐步地淡化，代之而起的是对日本大教育系统模式和"学力社会"教育理念的深入探究，并成为东京游学经历中的最大收获。

（严加红 口述；冯文宇 整理）

卷一

神道传统：社会意识与宗教文化

神道传统：天神与人神

日本是多种宗教杂处的地域，存在儒教、佛教、基督教和神道教等宗教信仰，但最为凸显的是神道教。作为日本国教的存在，神道教注重神与人的共通，即神的"人化"与人的"神化"。日本在对神的信仰中，尤以太阳神为最，并称为"天照大神"。日本旗帜也是以太阳图案为突出的特征。日本列岛遍布神社，供奉神的同时也供奉人，其中最为突出的是靖国神社，供奉的是日本历史中的战殁者，甚至包括二战甲级战犯。正是通过将典型人物或集团的人物进行"神化"，从而形成特定的宗教与文化，这也是日本宗教信仰的重要组成部分，即确立神道教在日本社会和政治生活中的重要地位。因此，日本政治人物往往利用民众的神道信仰，借以达成政治目标。这样的做法更激起日本社会和民众对神道的崇奉，从而造成第二次世界大战之后日本社会中仍存在军国主义复活的土壤，令受伤害的国家和人民充满警惕与愤恨，勾起受害者的往昔回忆，并造成文化与政治上的反弹，从而对现实国际社会产生各种冲击与不良影响，同时也对日本融入亚洲带来困难。由此看来，日本政治的现实根源在于其社会中存在根深蒂固的神道文化，这也是军国主义在日本社会中依然极为猖獗的根本原因。

具体来讲，日本人的精神境界存在两种文化因素：神道教和武士道。神道教的教义集中体现在：一是天皇制度的由来。日本存在"天孙下凡"之说，神话色彩相当浓烈，从而将天皇进行"神化"，构成日本社会"金字塔"的"帽尖"，原理和特征就是"人神化"。"人神"表示社会地位和尊卑等级，天皇超越任何普通人。二是提供普通人由人到神的基本人生标杆，平台就是遍布日本各处的神社，且神社并非表现为静止的状态，而呈现为动态的发展，即任何人达到所谓的"要求"，都可能或容许设置具有特色的神社，从而实现由人到神的转化过程。

武士道是普通人由人到神转化的精神基础，其教义是规范日本人生活和思想的基本工具，注定大和民族会走向黩武的方向，由个人性向的自杀衍生到群体性向的杀人，因此日本存在军国主义复活的"肥沃土壤"，这是由神道文化环境所决定的必然结果。其教义集中表现在：一是忠君绝对化的思想。这是武士道最为核心的理念与精神，并作为日本人信奉武士道最高阶位的精神信仰。因此，日本人激烈行事（包括自杀和杀人，以及大型礼仪）时，都面向天皇所在的方向站立，并且目视、祈祷。二是确立由普通人进至神的基本条件，即成为武士。日本神社设置的条件：一般是具有重大影响的历史人物，由军人（或武士）而成为政治家者居多数。在日本社会中，武士与军人存在天然的联系，故而逐渐地产生军国的思想。明治维新以来，日本形成了军国主义的国家。由此可见，日本具有形成军国主义的天然土壤，这是由神道教和武士道的文化特征所决定的，也是日本社会中的"右翼"获取存在并发展的主要原因，并成为近代日本社会的必然表现形式。三是形成日本普通人实现"人神化"基本人生目标的达成路径。日本人间的偶像而非目标是"人神尊者"，即天皇。日本普通人的"人神化"并非取代天皇，而是成为（通过"人神化"）"侍者"，成为"人神"中次于天皇的人物，而基本的信仰是天皇至尊、忠君即爱国，而实现这一人生目标的基本路径就是武士道的实现，献身基本的神道信仰，即使通过自杀或杀人的方式，这是日本普通人实现"人神化"目标的基本路径或方向。由神道教乃至武士道，日本社会基本上确立起等级的序位、社会内部的身份固化和变动规则，以及核心的精神与信念，而基本的内核就是"人神化"的特征，无论是处于独尊地位的"人间天神"，即天皇，还是日本普通人，要实现人生的目标，都必须通过"人神化"过程，从而实现由人到神的转化，而武士道则规定了这样转化的基本路径。由此也表明日本社会文化注重科学技术的根本原因，毕竟科学技术已成为日本人实现"人神化"的重要"道具"，从而合并而形成日本社会文化的"三大件"：神道教、武士道和科学技术（崇拜教），此即日本现实科技日趋发达的深层文化根源。

日语"神样"词汇是渊源于日本神道文化的说法，即强硬的态度，而且指凡人。日本神道存在四个层级，即第一层级为天皇，乃称"天孙"，即"天照大神"的化身，具有日本"人神"中的最高地位，代表"天神"，而且日本天皇纪元采取重合设置的做法。第二层级为"人神"，通常为战功卓著者，获取进入神社并享有供奉，位居天皇之下的"人神"地位。除天照宫和伊势宫之外，其他神社供奉的多为此类"人神"战功者，这也是神道教与武士道相统一的精神控制方式。第三层级为"神样"，即已具有进入"人神"的样子，但还未达到标准或要求。神道强调壮观而死，因此日本多自杀成神者，而即便不能成神，自杀者也甚多，从而具有"神样"。但还有一个条件尚未达到"人神"的地位，即尚未死去，而且壮观死去才行。因此，"神样"词汇只是对其状态的赞赏而已。第四层级为普通人，主要指普通百姓，需要接受神道教和武士道双重的意识统治与精神奴役，从而提升上述三层级的社会威望与地位，构建日本社会的精神和信仰系统，并由此也成为日本社会文化的重要组成部分。由凡人至"神样"，由"神样"至"人神"，这条路径是日本人精神追求的两种境界。而要实现这样的境界，只有一条进取的途径：采取武士道的手法。由此可知，日本民族存在黩武的特性。日本人在二战中表现出极度的野蛮、残暴和"神风"，日本现今还充斥"右翼"和战争的论调，这与其社会中的武士道精神和神道文化特征存在紧密的联系，即日本民族性所决定的必然结果。

武士道的训练已成为日本社会的"风景"，并且做到从幼童抓起。2007年1月，日本东京某所幼儿园400余幼童赤裸上身，下身也只穿短裤，同时每人分发一条毛巾，用于摩擦身体，借以生热和取暖，即进行耐寒的锻炼。这种做法可能会让中国幼儿的家长目瞪口呆，惊叹还有这样残酷教育幼儿的方式！但在日本幼儿教育中，这还只是较为典型的项目。武士道精神体现在日本社会生活的方方面面，这样的精神灌输也正是从幼童开始做起。同时在日本社会行业、层次和组织中，辈分与地位鲜明，体现出组织性和严肃性（或严整性）特征。观看日本电视节目，其中讲述消防训练和演习的情形，为其组织性和完整性所震惊，并由此察知普遍地存在辈分及其地位特征、做事组织性和行为严整性，以及战时意识、合作精神及层级辈分观念，表现出相当严肃的处置态度。前辈就是前辈，地位鲜明、毫不含糊。从电视节目中也可以看出，日本社会非常注重消防、警察和自卫队平时的训练与演习，让人感到处于临战的状态，比如电视直播、全民参与，同时还经常组织学生和公民"见学"，新闻和科研力量积极介入，全方位发挥社会的影响与作用，真可谓全民动员，体现出日本社会的综力战特色，而浸润其中的传统精神，即武士道。

日本自称"万世一系"，长期奉行天皇制度，年号采用天皇纪年，比如裕仁天皇号称昭和，因而存在昭和几年的提法；现在（2008）是平成，因而采用平成几年。但日本纪年中有一年需要注意，即天皇纪年的更替之年，往往存在两种纪年方式。比如，明治四十五年（1912），明治天皇在（公历）7月份死去，明治年号完结，大正年号开始，因此这一年又称大正元年，即实际上明治四十五年和大正元年是同一年份。日本神道文化存在天然的恶质性：其一，神道的现世性。日本神道认为，天皇为"天孙"，代表"天照大神"治理人间，并具有超级能力，注定要统辖全球，恶质性显而易见。其二，武士道的暴力性。武士道天然地与暴力相联系，剑道、弓道和空手道等武士道诸项，皆以力量为特征，其恶质性集中体现为强烈的暴力性。其三，科技的实战性。科技本为改善社会生活和推进社会进步而产生，但日本人对科技的理解却更具有实战的性质，即除了日常生活之外，还具有武器化的倾向，成为日本人为实现理想和目标的暴力工具，其恶质性在于武器的实战运用性，日本人会不择手段地摧残人类和生灵万物。战时日本少有人反对战争，比如日本侵华时，甚至成立帝国华击团，并以艺术的形式为侵华大唱赞歌，体现出日本人的善恶不分和美丑不辨，虽然外表呈现为樱花的秀美，内心则犹如毒蝎的坏肠，表现出表里不一的恶质性。日本神道文化的恶质性往往会以华丽的外表相遮掩，若无分辨能力，难以知晓其内在的肮脏。这样的恶质性是其中固有的属性，对华态度上则表现为极为浓烈的"反华邪性"，因此中国人应充分地认识，并获取应对和制伏之道。

现代日本充满社会悲情，原因就在于其社会文化的特性，特别是神道文化的恶质性。日本社会文化存在神道教、武士道和科技（道具）"三大件"，前两者奠定天皇制度的基础，后者则成为日本推进历史进程的重要道具（工具）。在明治之前和初期，实际上日本是高度分裂的国家，期间的统一并不长。在由日向到江户建立大和朝廷，乃至后来日本社会历史的发展进程中，虽然文化上逐渐地完成了主体的统合，但现实社会还处于分裂的状态，战争绵延不绝，而且范围大多处于列岛。日本存在两次大规模的军事外侵：丰臣秀吉和明治时代，其余多为倭寇集团的对外侵扰。日本也只面临两次国家安全危机：元代大陆政权的统一和扩张战争，以及二战之后的美军驻日"本土"。日本社会悲情来源于其历史与文化。日本仍采取"万世一系"的天皇制度，这既是其基本的社会政治制度，也是其基本的文教制度。因此二战之后日本竭力将天皇制度的恢复作为首要任务，特别是借助朝鲜战争对美国的协助，成功说服美国容许其恢复天皇的社会地位，而事实上天皇制度也并未因美军驻日而中断，毕竟这是日本社会获取存在的思想和文化根基。二战之后，日本社会悲情四溢，对失去明治以来的"大日本帝国"充满无限的念想，从而出现由所谓耻感文化向悲情文化的转变，而明治以来的社会思维定式却深刻地印入日本文化心理，因而形成现实日本社会的基本特征。当前日本社会文化心理存在两大特征：怀旧和复旧的念想，而其旧者又仅明治为止。因此，现代日本人作史，多讲述明治以来的断代史，而对明治以前的历史多一笔带过，从而印证明治日本"脱亚入欧"以来，日本人妄想隔断与大陆文化之间的关联。言其怀旧，也正是怀念明治至二战之间日本疆土开拓和军事侵略的历史，而复旧的念想则是恢复"大日本帝国"的光荣，历史时限也就是从明治到二战之间。

战后日本借助朝鲜战争，从而获取天皇制度恢复和社会经济发展，特别是取得科学技术上的巨大成就，之后日本社会又充满自豪感和自大感。现代日本已恢复了两大件：天皇制度和科学技术（道具），而武士道现今存在于日本社会和学校武道馆，并未成为现实性的恢复，名义上也只是军事力。因为按照二战之后的处分，日本不应拥有自己的军队，但战后在美国的扶持下，现今已拥有实力不俗的自卫队力量。但现代军事已超越仅仅依靠军人力量的时代，军事高科技已成为重要的标志，依靠的是军事科学技术与军人坚强意志之间的力量整合与系统构建。现今日本社会存在突破"和平宪法"架构的企图，多次挑起战后军事禁锢的突破，但时代已发生极为显著的发展与变化，美国已从依赖日本的阶段发展到要求制约日本的阶段，因为日本军事力的不断发展并不利于美国在东亚的根本利益。因此日本武士道的恢复将存在较为漫长的发展过程，而日本上述"三大件"恢复的完成也将对国际社会的安全和稳定带来极为巨大的威胁与挑战，势必造成国际社会和东亚局势的激烈动荡。因此美中联手制日或许会成为今后国际社会对日本战略的基本趋向，从而维护国际社会和东亚局势的安全与稳定。

现今日本社会充斥战时语言，存在大量的"右翼"言行，已成为其试图完全恢复上述"三大件"的根本反映，比如各领域的综力战，包括医院等组织的战力、学校等机构的现役生员。上述汉字用词的选择极其具有战时语言的特征，表明日本社会文化和心理依然保持全民皆兵的基本精神，但日本依然面临以美军驻日为代表、东亚各国追究历史问题的正义力量为辅翼的钳制，因此导致其难以现实性地恢复上述"三大件"中的武士道精神：最为基本的表征就是军事力。而一旦日本完全恢复上述"三大件"，将是国际社会和东亚区域的灾难之时，美日关系将出现极为重大的发展与变化，东亚也将进入动荡与战争的状态。

神社文化：现世与来生

日本神社遍布，各种大小名目的神社皆有，神社的样式也大致相似，显著的标志是汉字"开"形门楣。若对其字义进行释解，可能要从中国成语"开天辟地"说起。中国成语"开天辟地"阐述的是天地的起源。作为神话人物，盘古开创天地，从而出现人类，日本神社就是借此"开"形，表达对过去人物业绩的缅怀与崇敬。但为何日本遍布神社，还是由其极为复杂的自然环境和条件所决定的。日本偏居荒凉野岛和大陆边缘的莽荒之地，且环境和条件极为恶劣，地震和海啸等自然灾害时有发生，致使古代日本的经济和社会发展极为落后，居民生活条件极差，死亡可能随时降临，因此设立各种神社，主要存在两种目的：祈愿上苍降福免灾，存在比较明显的敬神之意，同时缅怀做出贡献的人物。古代日本尚未文明开化，并无多少教养，也无善恶之别，只要利于日本的人物，都成为值得纪念的对象，体现出极为鲜明的狭隘岛民特征，但可谓是敬人的意味。因此从字义和历史考察，日本神社的"开"形门楣具有敬神和敬人的意味，有时还将做出贡献的人物上升到神的高度，即由人变成神，敬人与敬神达至合二为一，因此称为神社。日本最大的神社是靖国神社，二战甲级战犯也如同神灵放入神社，以供民众祈拜。从神社"开"形门楣的字义解释可知，狭隘民族性在日本文化中长期占据主导的地位，其他皆为从属的地位。日本以"科研"名义的捕鲸事件也突出地表明这一特征的存在。武士道文化认为，需要依靠武力来维护日本文化的存在，因此武士道的精神深植于日本民族的文化心理，战争与暴力成为日本民族性的重要组成部分。日本濒临海洋，海洋意蕴的认识较深，因而善于水（海）战，同时地理环境复杂，外界陆战地形的国家较难把握，这也是美国二战中选择两颗原子弹结束对日战争的重要原因，否则美军可能还要付出更为惨重的牺牲与代价。因此从某种意义上讲，在对日本作战时，选择外科手术的样式更为合适。上述方面是解释日本神社"开"形门楣所获取的感悟。日本社会和文化还存在其他复杂的因素，因此若选择处理列岛问题的办法，还需要就具体问题而采取特殊分析的办法。比如若台海开战，日本仍会妄想以美军为前端，日本为后备，以便坐收渔翁之利。因此可以采取攻取列岛、切断后援的策略，既可以粉碎日本的渔翁之谋，又可以削减日本对美国的战备援助，即采取攻势战略较为合适。

日本电视台播放神社相关节目，介绍淡山神社的历史及其渊源，涉及藤原镰足塑像和十三重塔等景点。在追溯淡山神社的历史由来时，谈及藤原镰足（天智天皇）和孝德天皇之间的故事：藤原镰足之妻是与志古娘，因漂亮端正，深受孝德天皇的欣赏，因此遭受霸占，并生有一子，名叫定慧，应该已经出家。藤原镰足一心报仇，最后战败孝德天皇，杀定慧，并封为天智天皇。上述两人都是天皇家族的人物，而因为一个女人引发纷争，最终以天皇换位为代价而结束，同时也便造就不幸的定慧，此人应可封为皇太子，无奈出家以求平安，但仍不为藤原镰足所容，最终惨遭杀身之祸，这也符合日本历史与文化的传统，可谓神道与武士道相结合的必然结局。而藤原镰足称为天智天皇，669年死去，淡山神社则记录了这段历史，内部有藤原镰足的塑像。足以想见，日本文化存在强者为尊的文化传统，以及武士道的传统精神。淡山神社是神道教与武士道相结合的文化遗物，也是日本历史与文化的重要载体，承载1400余年前发生在两位天皇及一位女人之间的抗争故事。

日本是崇奉多种宗教的国家，比如佛教、天主教和神道教等宗教信仰，都在列岛上生根、传播。神道教号称是日本土生土长的宗教，虽"据传"与中国的道教存在渊源，但已存在完全意义上的差异。日本神道教具有"人神化"的鲜明特征，并将武士道的精神和神道教的"人神化"相结合，以至日本各地的神社出现多种"人神"，将历史上的"英雄"供奉其中，出现多神信仰的状态，而这样的"多神"则是由"人神化"而来。除了神道教之外，日本社会也信奉佛教，特别在大陆文明发展到盛唐时期，日本吸收与借鉴中国的文教制度，佛教也经由朝鲜半岛等途径、和尚鉴真等人物传入列岛，因而当时日本都城（京都和奈良等）出现大量有影响的著名寺院。但日本佛教逐渐地与神道教接近，从遵奉佛祖诸神到同尊现世诸"雄"，逐渐地朝向"神"与"人"合尊的路线发展。神道教的"人神化"对日本佛教产生极为重大的影响。日本建有严岛神社，并分两处建设：一处好像在福岛，"开"字形建于水中；另一处在京都。但两处皆与平清盛存在紧密的关联，此即日本神道教的"人神化"特色。日本佛教虽然遵奉佛祖如来和观世音等众神，但却逐渐地纳入其历史中的"英雄豪杰"，走向融合佛教与神道教的发展道路。日本民族善于引进创新，从语言文字、生活习俗、文教制度到宗教信仰，诸多方面都存在引进吸收和再创新的发展思路，并逐步融入本土相关要素，从而形成具有其民族特征的文物典章和社会习俗，并导致其社会出现较为显著的发展与变化。

靖国神社是日本神道与武士道的结合体，以及天皇统御其民众精神的重要手段，同时也体现出日本军国主义思想至今尚存的根本标志。导演李缨制作的《靖国》影片反映出日本社会中的神社体系特征。参拜靖国神社在日本存在极为深厚的社会基础，不仅存在现实政治和社会势力的支持，比如团体律师和政治家，而且也存在传统文化和历史基础，即军国主义和国家主义的精神，因而也称为军国的神社，或国家神道的施舍，培育出攻击型的民族主义精神。日本军国主义思想与侵略殖民政策相结合，也体现出其国民性中的残暴性特征，比如侵华时实施的三光政策，即烧光、杀光和抢光，以及南京大屠杀和731细菌试验。正如美国档案所揭示，日军侵华时采取非人性的手段，蹂躏中国广阔的国土和朴实的人民，甚至还出现食中国人肉的现象，奸淫掳掠更为司空见惯。据报道，日本官员已宣布，解禁中小学生参拜靖国神社，以此进行爱国主义教育。其实对这样的事情，中国大可不必太在意。针对日本的作为，最好适时让其去做，由此谨防日本找借口，寻机会而收取好处，关键还是自己要有发展，并有实力作为后盾。要是能做到这样的话，总有收拾这群"野狼"的机会，并促使其对华"狼性"变成"犬性"。

日本是神道国家，神社遍布各地，但唯有靖国神社是供奉全日本军人的神社，因此日本军人心目中的靖国神社是精神归宿。日本各地供奉时代影响者的塑像和神位，由此成为日本人的本土神。可以说，日本人崇奉的神道，与其说供奉的是"天神"，不如说供奉的"人神"。因此，日本神道存在由"天神"到"人神"的过程。现今在日本人的思想之中，"天神"逐渐地淡化，而"人神"则更为普及。日本人祈念神的保佑，其实是在祈念人的保佑。而供奉的"人神"，其实在日本人心目中就是实力的象征，因为这些塑像和神位都是日本历史中的英雄，或政治家，或军事者，而多数则是实力派的军人，或其后成为政治家，即实力派的统治者。而靖国神社则在明治时期开始兴盛，意在供奉战死的日本军人，因此也是日本神社供奉对象的转化，由实力派转变成牺牲的军人，表明神社供奉对象的地位存在下移的发展趋势。这也就表明，明治以来，日本社会中的民权意识逐步地增强，明治天皇顺应时代的发展，将普通死去的将士供奉为"人神"，从而促使日本军人都愿意为天皇赴死，并出现以剖腹和自杀方式，表示忠诚于天皇的军人。

可以想见，靖国神社建立之后，明治天皇将神道和武士道相结合，引导日本军人成为由其驱使的御用工具，妄图由此实现开疆拓土的社会理想。因此可以说，明治以来，日本军人都成为天皇的精神奴隶，以及为实现野心而任意驱使的御用工具，而靖国神社则成为日本军人的精神归宿，即由武士道进入神道的必然场所。而所有这种转变的条件，就是要听命天皇的指令、东征西战，用手中"道具"（军队和枪炮）征服周边的国家，并在其他国家掠夺资财与屠杀民众，妄图由此实现天皇制定的实现"大东亚共荣圈"战略。而当日本军人死于战场，即有资格魂归靖国神社之时，才能获取由武士道进至神道的"入门券"，以享受死后受到日本民众供奉的哀荣。可以想见，日本天皇的阴谋极其高深莫测，二战将数百万日本军人送入靖国神社，也将罪恶阴魂招成"人神"，但要由"人神"而至"天神"，可能日本民众信奉的"天照大神"也不会发出"请柬"，只能让这些孤魂相伴日本天皇，永远在太平洋风浪中经受岁月的磨蚀，成为污泥与浊水，然后消散灭迹，让无情历史冲刷尽不灭的记忆，丑陋的真相最终会大白于天下人间。

日本的现实与历史相映衬，也是历史的写照。可以说，靖国神社就是照妖镜，照亮日本的现实与历史面目，但愿其可以警醒中国政府和人民，抛弃"中日世代和平友好"的幻想，时刻准备着战斗，即冒着敌人炮火，前进！李缨编导的《靖国》影片终于可以在列岛放映，此前曾经在日本社会中闹得沸沸扬扬：东京多家影院因极大社会压力而被迫停映；某些日本人又要求李缨导演修改部分内容。但都已成为过去，李缨导演对修改要求断然说"NO"。最后的结局分成两阶段：一是在东京以外的少量影院成功地放映；二是在包括东京在内的日本全境获准放映。由此看来，日本社会的文化心态存在较为显著的复杂与多元特征。

由于地质原因，日本多发地震和火山，因而房屋多以二层木质为主，其他高层多为钢板焊接或螺钉铨接而成，城区中心的人口更为稠密，以致道路一般为二车道，仅供过往的车辆通行，旁边仅狭窄的人行道，显得相当没有气势。但由于轨道电车较为密集，街道中的车辆较少，一般都乘坐轨道电车，除非节假日远行游玩时才开车。日本人口密度较大，但这在很大程度上为虚像。由于海外企业较多，日本青壮年大批派遣出国从事企业管理，有组织地去海外经营日资企业，形成大规模的派遣工，如同中国现今农村出现的农民工，但日本派遣工大多到海外从事日资企业管理和市场分析，因此境遇比中国农民工强好多。由于大量派遣工外出，日本社会呈现出老龄化的虚像，这也有点像现今中国的农村，于是制定吸纳海外游学生和研修生制度，接收其他国家的青壮年劳动力，从事社会低端产业和服务业，以弥补日本社会中大量派遣工外出造成的劳动力短缺问题。日本虽然空间狭小，但社会存在信奉神道教的文化传统，因此神社林立，而且拥有较大的空间。另外，日本还存在大量的寺院和灵场（墓地），也占有较大的空间，而且神社、寺院和灵场被称为"圣地"，足见"三处"在日本人心目中的神圣地位。可以这样说，日本"圣地"占有大量的空间，但日本人欣然地接受，拥挤的城区设立阴森的神社、寺院和灵场，扰攘的团地中可见林立的墓碑，这是日本社会中非常奇特的景象。而神社和寺院更是多数规模宏大，成为日本人精神的寄托之所。可以想见日本神道教和佛教影响之大。由此可以更为清楚地认识日本这种传统的宗教文化，更为清晰地了解日本人的精神和气质特征，从而更为深刻地理解日本社会的过去、现在与未来。

日本是世界上人口密度最大的地区之一，在30余万平方公里的陆地面积中，承载着1亿余人口的负荷。不仅如此，日本还处于地壳板块的断裂带上，时常有等级不同的地震和海啸等灾害发生，造成大多地方不宜建设高层建筑，因而多以二层木质结构的家居为主，中心城区虽然建有高层，但由于存在防震的需要，全部是以钢铁为支架的建筑，故而造价高昂。日本虽然处于世界经济总量的第二位（2008），依靠强大经济实力打造强国，中心城区的高楼也鳞次栉比，呈现出气派和辉煌的图景，但大多数城区却只能以连片平铺的方式，建设二层家居。日本城乡差别并不显著，城市与农业相交错，应该说这是具有战略性和系统性特征的城乡结合体设计，显得合理而科学。因此，在大城市区域内经常见到从事农业种植的场所，为附近居民提供新鲜的蔬菜，这种做法也可以避免鲜蔬运输，同时解决了道路狭窄带来的交通难题。但即便在土地高度紧张的城市，日本还给逝者留出两处休憩地，即神社和墓碑。曾经乘坐日本轨道电车到成田机场，沿道见到多处城市区内的墓碑，不禁沉思：日本为何在土地如此狭小和紧张的情况下，还给逝者宽敞的休憩空间。现实确实如此。日本社会神社林立，而且空旷宽敞，"开"形的门楣成为神社的标志，同时社区附近经常见到林立的墓碑，拥挤而错落有致，这就要承认日本宗教和文化的魅力，体现出神道教和武士道的精神影响力，以及对日本社会所产生的深刻作用。

武士道精神：传统与现实

日本武士道渊源于中国传统的文化与精神，在这一点上毫无疑问，但如何渊源、起始于何时，确实是一个问题。有人声言，日本武士道渊源于唐朝任侠精神，但在这一点上笔者不敢苟同。应该说，中国传统的文化与精神对日本的影响相当深刻，中日文化交流也并非唐朝时才开始。若将徐福东渡作为重要的标志，中日文化交流应在秦代就已开始。若考虑地理位置相邻的因素，以及朝鲜半岛中介的作用，中日文化交流应延伸到更早的时期。汉代司马迁著述的《史记》作为典籍传入朝鲜半岛和日本列岛，也应是早于唐朝的事情，而《史记》中就存在侠客类的列传。因此任侠精神并非起始于唐朝，甚至作为"三教九流"和"诸子百家"，在春秋战国时代就已形成，而《史记》则作为列传进行记述，形成文本性的材料，这才使得其他地域，特别是朝鲜半岛和日本列岛，获得书面（文本）的鉴镜。

但《史记》何时传入日本，需要认真地考证，其实应在唐代之前就已传入列岛，因为《史记》是中国传统文化的精华，产生时起就作为权威信史而广为流传。因此，如其界定日本武士道渊源于中国某个具体的朝代，还不如界定日本武士道渊源中国的古籍文献，应该说《史记》中的《游侠列传》为日本武士道渊源的精神和文化基石。在这一点上，应存在成立的依据，因为日本武士道从出现到形成其特征和发展进程，与《史记》中的游侠精神相当契合，值得进一步地研究和探讨。而中国则因长期确立儒学和理学的核心思想地位，因而逐步放弃了春秋战国时期所形成"三教九流"和"诸学百家"中的其他学说,其中也放弃了《史记》中记述的任侠精神,并且缓慢消磨于儒家和理学的伦常,以及社会进化和文化发展的进程之中。而这样的尚武和任侠精神则逐渐湮灭,成为中国传统文化中的历史记忆,应该是相当可惜的事情。因此,现今亟须重拾这样的尚武和任侠精神,回归到"百家争鸣"的思想开放时代,从而重塑现代中国的新文化,包括弘扬尚武和任侠精神的文化传统。

古代日本与中国存在极为紧密的联系。在盛唐时代,日本遣唐使多达17次,可见中华文化对日本存在深刻的社会影响与历史作用。但明治维新以来,日本逐渐地推进"脱亚入欧"政策,并将中国影响的时代(封建时代)称为黑暗时代,基本上全盘否定了中华文化对日本的社会影响与历史作用。但中华文化对日本存在极为深刻的社会影响与历史作用,以致其社会风俗和文化传统不可能消除中华文化的影响与作用,因此现代日本社会仍存在大量中华文化影响与作用的因素,并构成其传统文化的基本部分。作为日本文化的重要组成部分,武士道与神道组成日本精神信仰的主体,而与"道具"(现代日本社会表现为科学技术成果)构成日本社会文化中的"三大件"。武士道的由来与中华文化存在非常紧密的联系。在春秋战国时代,中国就形成"三教九流"的思想与文化局面,形成儒、道、刑、兵和阴阳等思想与学术流派,其中宋明理学特别是阴明学派在日本具有较大的社会影响与作用,而真正地做到中日文化交融的则是道兵两家,即中国传统的道教传入日本列岛,并与其本土文化结合而形成神道教,体现出"人神化"特征;而兵家传入日本列岛之后,形成其传统文化中的武士道精神,比如《孙子兵法》对日本武士道的形成产生较为重大的影响与作用,其中仁勇孝严忠等思想成为其中的基干,从而演绎出武士道精神。当然,用间也对日本武士道的精神含义存在极为深刻的影响与作用。

日本文化存在神道教、武士道和科学技术"三大"支柱,日本国民性存在"三大"特征,即神道教的遵从、武士道精神的信奉,以及西方科学技术的吸纳与创新。日本国民性是维持其社会体系存在和稳定的重要方面,也是日本逐渐成为世界经济大国,并想成为政治和军事大国的思想基础。日本武士道突出地表现在元代中国的忽必烈伐日时代。晚年的忽必烈具有统一日本列岛的雄心,并往朝鲜半岛调集兵力,但当时存在各种条件的限制,特别是遇到台风的袭击,因此攻日计划遭遇巨大的挫折,故而日本称这样的台风为"神风",二战时出现的"神风特攻队"即源于此。忽必烈统一日本列岛的企图遇挫之后,日本武士道与神道教开始紧密地结合起来,以致"天照大神"的地位在日本人心目中日渐崇高,特别是在明治时代,天皇制度的地位更为巩固,并导致幕府势力的衰退,天皇通过维新改革和东亚殖民的政策,促使日本列岛走向融合与强大。二战之后,日本人在美国的鼻息下生存,但中美在朝鲜半岛发生对抗之后,特别是东西方阵营出现冲突之时,作为美国军事和政治的战略后勤基地,日本再次获取经济和科技的发展,并逃脱应受的历史惩罚,逐步确立"科学技术立国"的根本宗旨,实现神道教、武士道和科学技术相结合,天皇制度也获取重新的确立,并开始谋求军事和政治大国的地位,比如出兵伊拉克,以及争取成为联合国常任理事国。

日本武士道的特性集中体现在如下方面:其一,暴力,即残暴性。这是武士道特性中最具有现实性的方面,包括刀弓剑柔等技能,各种形式都以暴力为特征。在战争时期存在突出的表现,在和平时期也不乏其例,比如日本在电视媒体的暴力影视和漫画中凸显残暴与意淫,以及在生活中存在众多残杀与伦理相残的悲剧:或杀妻溺女、全家杀害和自杀,或作奸犯科,诸此种种。其二,阴谋。武士道源于中国兵法,《孙子兵法》被奉为"圣经",其中的谋略内容更为日本人所重视。日本人追忆历史,总是充满社会的悲情,大多是对人生一度的感叹。在日本歌曲中存在较为充分的体现,其中感叹岁月流逝、人过一度,以及漠视死亡,而且在处事中存在内外不一和表里相异的心理,以及充满阴谋性的处世方式。上述方面可以从二战之时突袭珍珠港,分化中国蒋介石和汪精卫国民党政权,战后寻求战争责任赦免,以及天皇恢复崇高地位等策略与步骤方面，突出地呈现出来。针对日本国民性中具有的显著特征，中国人不要抱有"中日世代和平友好"的幻想。日本社会和文化存在较为强烈的"反华邪性"，这并不会因为中国政府提倡睦邻友好政策所能感动。对此，中国政府和人民应当始终保持清醒的认识，否则历史仍有可能再续"活剧"。若历史的场景再现，确实是中国人民的最大悲哀，归根结底是中国文化的最大悲哀。因此作为历史的"剧中人"，中国年轻人应该知道日本人所具有的上述国民性特征。其三，意志。武士道追求理想与现实的统一，强调"义重于大山，死轻于鸿毛"。在二战时期，日本建立"神风特攻队"，妄图借以挽救其濒临失败的结局，并做最后殊死的搏斗。"神风特攻队"成员在出发之前，都要举行特殊的仪式，其中之一就是赐酒壮行，而且是以天皇的名义，声言死后进入靖国神社，相邀来生在靖国神社再相会。靖国神社是日本军人的精神家园，以及理想中的灵魂归宿之地，因而出现靖国神社的招魂之行，借以激发斗志。

由上可见，日本武士道的阴谋、暴力和意志特性之间相互关联，形成武士道的文化体系，而且并非分离的呈现状态，反映到现实政治和社会生活中，就是惯常提及的"右翼"派别和灵活原则，以及重视"科学技术立国"的根本宗旨，并成为维系战后日本政治文化和社会生活的重要内容，也成为日本寻求机遇驱赶美国的在日军事存在、报复美国一剑仇恨，以及寻求再次对华比较优势的重要思想基础与文化精神，并决定了战后日本"联美制中"策略及其潜在的战略目标，从而也成为导致中国政府对日友好姿态破产的根本文化基础。因此中国应逐步地改变对日策略，甚至转而采取"联美制日"战略，早日实现台湾和平回归和钓鱼岛及其附属岛屿收复，甚至可以通过共同协商的方式，实现琉球复国或回归中国，从而达到制衡日本的根本目标，消除日本对华潜在的威胁，美俄等国家也应乐见这样的情形。因为日本崛起的首先步骤就是要激起与中国、俄罗斯、美国三大国家之间的冲突：冲击中国主要为获取足够的资源和实力；冲击俄罗斯主要为报二战的一剑仇恨，以及收复北方四岛，进一步壮大其在东亚的势力。同时借助中国、俄罗斯、美国之间的矛盾,将冲击美国作为最后的目标。除了为报二战仇恨之外,还存在征服世界的野心。日本发展战略的大致经纬也即如此,并通过现实政治、经济、军事、外交和科技等领域的发展表现出来,靖国神社的参拜只是象征性的现实表达,突出体现神道教(精神)、武士道(方式)和科学技术(物质)相结合的特征,从而追求征服世界野心的达成。因此,世界各国都应关注与思考日本这样的发展战略问题。

观看NHK电视台节目:据江户时代的历史文献介绍,日本军事著述存在"朱日の丸"和"纳粹符号"的记载。"朱日の丸"就是日章旗的标志,中国人通常称其为"膏药旗",而"卐"则来自佛教的经典,只是经过某些改造,但为何最终出现在日本军事著作之中,以及为纳粹德国所采用,则可谓千古之谜。无论是德国还是日本,上述标志最终与法西斯主义和军国主义相联系。希特勒曾认为,日耳曼是最优等的民族,而其来源地也就是地球海拔的最高处,即喜马拉雅山地区。希特勒还曾以此为名,派人到中国西藏等地区进行科学考察。虽然或许这是军事谋略,但也反映出上述标志有可能与藏传佛教存在较为深厚的渊源关系,而藏传佛教经过周折传播,最终传入日本列岛,其中的历史谜思让人感到深奥难懂,需要等待历史研究者进行深入分析与探讨,从而解开上述标志为何在20世纪与德日法西斯国家会产生如此深刻联系的历史因缘。

在现代日本的社会文化中,存在神道教、武士道和科学技术(道具)"三大件",且可谓各有其用。主要体现在:其一,神道教用以统御日本民众的精神,让普通民众不仅信奉"天照大神",更以人性化手法将人进行"神化",驱动民众成为英雄,从而也就成为神,靖国神社就是这样由人转化成神的场所,从而引导日本民众追求这样的"人神转换"。其二,武士道所遵奉的核心理念在于暴力,这是军国主义思想的核心来源,表现在日本社会中就包含弓道、剑道、空手道和柔道等多种技巧,而其中的核心就是"忠君刚毅",甚至可以采用剖腹自杀的方式表达忠诚,因此可以说武士道也是与神道教相联系的。

因为神道教存在极为重要的说法，就是天皇乃为"天孙"，为"天照大神"下凡人间，用以统御日本民众，并要求日本民众忠诚天皇，而武士道的重要信念也就是"忠君"，即忠诚天皇，甚至可以为天皇牺牲生命也在所不惜。因而日本社会由神道教至武士道，进而产生具有暴力倾向的"右翼"组织，后者已成为现代日本社会政治中的重要激进势力，同时日本还存在部分黑社会组织，虽然性质较为复杂，但受武士道的影响相当大。其三，明治维新以来，日本深刻认识到西方先进科学技术的重要影响与作用，通过"明治维新"和"脱亚入欧"，迅速推进其资本主义的发展，提出"科学技术立国"的战略，从而在"和魂洋才"理念的基础上，积极发展和创新现代科学技术，并将现代科学技术视为道具，成为神道教和武士道的重要护具，从而促使上述"三者"（神道教、武士道和科学技术）构成现代日本社会文化中的"三大件"，对现实日本政治、经济、外交、国防和教育等方面，都产生深刻的影响与作用。

天皇制度：宗教与社会

日本政治权力配置存在极大的虚像，天皇虽然名义上只具有象征的意义，但实质上却享有较大的潜在权力。因为日本社会政治架构具有一定程度上的宗教性色彩，同时也是日本人对明治以来天皇系谱和历史文化的承认，无论外人如何评价，日本人对明治以来天皇的历史作用都给予极为肯定的定位，毕竟这是日本社会的发展顶峰。因此实质上来讲，现在日本天皇依然具有绝对的现实权力，只是掩盖在战后国际局势的发展与变易之中。比如，日本首相及其内阁制度形成之后，最终的确认仍然是天皇的接见与批准，虽然看似为传统的仪式，但表明日本天皇拥有最高国家和宗教的权力。由此看来，首相及其内阁也只是日本天皇的"看家犬"，因此也并没有过分稳定的结构，此即其经常变动的根本原因所在。

在天皇、首相及其内阁之下，日本社会还存在多党制的虚像，其实在较大程度上日本推行的是自民党执政体制。从二战结束至2008年，日本第二大党（民主党）担任过两任首相，而且极其具有过渡的性质。日本两院制结构是协调性的机构，主要职责在于限制首相及其内阁为代表的政府权力，以及在国际上表现出政治调衡的作用，体现出政治上的灵活原则。日本天皇的继体采取世袭制的"家天下"，政客又多采取提名的世袭制。比如，小泉退出政坛之时，在政党组织会议上声称，其政治遗产由其子继承。因此在日本政坛之中，更为显著地存在太子党集团。日本的国民只有手中选票的参与权力，而难以在社会政治上实现地位的跃升，毕竟这样的跃升更多光顾极个别的政治明星或组织代表。如此看来，日本的国民是最没"盼头"的群体，这句话绝非虚言。日本的国民在政治追求动力上表现得相当不足，更多地将人生定位于现实社会生活，即各安其职、各就其位，任由政客操纵日本内外部的政治事务。因此，日本的民主只是选民手中的选票，而且还是区域自治组织代表的选票。

日本是以神道教和武士道为精神的民族国体，这样的精神在日本称为"大和魂"。日本天皇号称"万世一系"，而天皇统治的精神支柱就是所谓的"神武国魂"。20世纪出现的战争并没有对日本列岛造成太大的损毁，广岛和长崎爆炸的原子弹对日本造成的危害也只具有局部性的影响，并没有对列岛全境造成较大的作用。美军长驻日本也只龟缩于列岛相对狭小的空间，而且随着日本社会政治等综合实力日益增强，美军驻日空间还将进一步地缩小，最终很可能只龟缩在琉球群岛（日本改称冲绳）等极为有限的地域，甚至在适当时期驻日美军也只能打道回府，可谓自认歇菜。战后日本神道教和武士道设施还保存完好，并随着天皇制度的恢复，这样的"神武国魂"获取了更大程度上的发展，设施的规模与影响也日益增大，比如靖国神社获取较大规模的发展。

日本神道教尊崇"天照大神"，而天皇就是"天孙"下凡，看来"天照大神"的"小妾"不少，否则怎有那样多的"天孙"出现。如此而来，天皇就没有辈分之说，都成为联系上天与世间的使者，都成为

"天孙"投胎人间的先知。而天皇连接上天与世间传说的道具，就是位于日本上野公园内的"天照神宫"，而遍布列岛全境的神道教设施，就是天皇在精神上与民众联系的桥梁。日本民众可以通过效忠天皇而步入神社，最终进入"天堂"，否则就会下到"地狱"。宗教永远不会脱离对人的精神控制，即使是骗人的"鸦片"，日本人就是这样被"天皇权力神授说"欺骗了千余年，20世纪更让成千上万的日本人不绝于途，至今日本人还表现出争先恐后的状态，真的是后有来者。日本神道教主要是对日本人精神的控制，而武士道则不止是精神，而更为充分地表现在日本人的身体。日本各地场所（比如学校和社会）普遍设有武道馆，为日本人提供修习武道的平台。古今日本人代代相传，穿梭于武道馆与神社之间，虽然没有听说谁进入"天堂"，也不见谁下到"地狱"，但"神武国魂"却在日本绵延不绝，成为天皇制度控制日本人精神与身体的重要工具。从明治维新开始，天皇制度又增添了重要的工具，即引入近代西方先进的科学技术。自此日本人非常关注科学技术的发展，以致现在依然坚守"科学技术立国"战略，把科学技术的发展置于日本国家和社会发展的基础地位，从而创造出发达的现代科学技术成果，由此也更为巩固天皇制度的基础。现代日本天皇制度基本上确立神道教、武士道和科学技术"三大"基本要素，其中神道教控制日本人的精神，武士道磨砺日本人的身体，科学技术提供日本人赖以生存与发展的工具，充分地体现出现代日本天皇制度的基本特征。

由上可见，当前"右翼"势力的存在并不单纯为日本社会的现象，在日本历史与现实中存在极为深刻的社会制度和宗教文化基础，并与日本政党组织和社会团体在性质上存在一致性。同时，"右翼"势力也是日本社会生活中的组织形态和政治力量，并且是由日本社会制度和文化特征所决定的。"右翼"势力在日本社会中兴盛和猖獗的制度性根源就在于天皇制度，而天皇制度存在的文化基础则在于神道传统和宗教文化，并由此构建出日本社会政治中的"右翼"势力、天皇制度和神道教（宗教文化）三者之间所存在的本质联系，这应成为分析与思考日本"右翼"势力难以根绝的基本路径。

卷二

民族基因：岛国根性与本土特征

东亚岛国：自然与习性

日本人爱花，樱花当不必说，以致多至能感受到花粉的污染。每逢三月花开的季节，日本人大多戴上口罩，以防花粉的刺激，很多人因此患上鼻炎。除了樱花之外，日本人的花园、房前、屋后和阳台上都养有各种花卉，既有木本植物，又有其他每年重新种植的花卉。在春天，日本花卉丰富，各种各色，煞是艳丽与优雅。品种之多令人惊异。单樱花就有多种颜色，让人感到美不胜收。同时，还有各种木本花卉，每年春季花开，洁雅、秀丽。四月过后，绿叶婆娑，相映成景，别有趣味。若增以短裙少女嬉戏其中，那样的情景更不可胜想。只是日本人大多沉寂，匆匆忙忙地来往，好像生命中只有学习与工作，没有其他的情趣。只有日本姑娘穿着短裙之时，露出玉腿，美丽才表现出来，像春天里的花卉，令人目不暇接、充满想象。日本男人西装革履，满有绅士的派头，但只要读懂日本文化，便知此与武士的派头别为两样，此即日本民族的特性。正如春季的花卉，看似艳丽多彩，可是刺鼻的花粉味道很有害。日本男人派头的后面是阴谋文化，表象与实质之间存在不和谐，但又是日本民族的文化优势。日本人惯常提倡灵活原则，比如所谓"弹性化"、"弹力化"和"活性化"等，学术研究中经常提到这样的词汇，体现出日本人内表不一的思维特性。与日本人打交道时，在看似言行一致的背后，其实是言行不一的特性。找借口又是日本人重要的特色，拒绝不会直接地说出，而是非常委婉地表达，甚至通过找些借口。若愚蠢到相信日本人的借口，便会铸成大错。

再谈谈地理环境对日本民族性的影响与作用，集中体现在如下几点：

其一，日本人的冒险精神。日本险恶的地理条件对冒险精神的形成具有非常重要的影响与作用，地震、火山、海啸和狂风，以及地形、地貌和海岛形态等诸多天然的地理环境，形成日本人敢于冒险和进取的精神气质，并在现实生活中有所体现。比如，开辟天然滑雪场和溜冰场，开展具有相当冒险性和刺激性的运动，且日本人乐此不疲。又如航海捕鲸等。

其二，日本人的开放精神。日本人传统上就比较开放，同样与自然地理条件存在紧密的关联。日本位于地震和火山的多发地带，地热资源异常丰富，存在许多天然温泉，为"钱汤"（洗浴）文化创造极为优良的环境与条件，因此天然的浴室较多。在江户时期及之前，日本存在大量男女混浴的温泉浴池，而且多"野浴"。如今这样的混浴已不多见，但高级露天洗浴还时有所现，虽多男女有别，但也形成这样洗浴的文化。在思维领域，特别是文化思想方面，日本人同样比较开放。善学是日本民族性中的重要特征，过去学习中华传统文化，现今学习欧美科技文化，都显得唯妙唯肖与青出于蓝，足以证实日本承受传统的拖累较少，具有强烈的开放精神。

其三，日本人的创新精神。日本人面临的自然条件和国际环境较差，可以说极为恶劣，虽说近代以来依赖侵略战争掠夺东亚各国，从而大为改善列岛社会和经济环境，但自然灾难依然难以避免，只是抗击能力得到增强，比如更为娴熟与适当地处置地震、海啸、狂风和火山等自然灾害。日本人世代需要战胜恶劣的自然环境，非常注重实用性，因而近代以来极为重视学习西方先进的科学技术成就。在吸收与借鉴西方先进的科技文化方面，近代转型中的日本人比中国人显然更为顺当，现代日本也成为先进科技孵化的地域，上述方面都体现出日本"科学技术立国"宗旨与创新精神。

其四，日本人的民族狭隘观念。日本位于东亚列岛，岛国观念根深蒂固，眼界较狭窄，自私心较重，不具有太多善良的本性，恶质的成分较多，因此往往为一己私利即可置人于死地，这也是日本人长期以来在东亚列岛上与自然界作斗争，以及在列岛诸国争斗中形成的民族品性，即在这样列岛自然条件和社会环境的长期熏染之下，日本人普遍地具有民族狭隘观念。统一后的日本人由个体自私自利的品性发展到民族和国家层面，形成目前具有相当自私性特征的民族与国家。"大陆政策"的近代展开就是这种品性在日本社会发展中的突出反映，而战后对战争的反省则更能表明日本民族狭隘观念的实质存在。

其五，日本人的强烈海洋征服意识。日本四面环海，海洋既带来诸多的自然灾难，也带来赖以生存的广阔空间，给予日本以征服海洋为目标的民族斗志，因此日本人对海洋存在极为复杂的情感。在征服海洋的过程中，日本人也对海洋产生极为强烈的依赖，因为海洋鱼类在日本人食谱中是最为主要的营养来源，因此日本渔业自古发达，以致形成捕猎大型鲸类的传统，现今捕鲸活动还与国际鲸类保护组织产生冲突。但这样传统的形成反映出日本人所具有征服海洋的强烈意识。由此形成日本人的良好水性，近代更是形成极为强劲的海军舰队，以致中国强大的北洋舰队在甲午海战中也非其对手。毕竟日本人在长期与海洋斗争中形成比较良好的征服海洋意识和水性，因而学习西方海军可谓驾轻就熟，显然比中国北洋舰队更胜一筹，而这一战争却改写了中日关系的历史，近代中国深受其害，深层的原因应在这里。

其六，日本人的军事组织特性。传统中的日本人信奉神道教和武士道，当然还有佛教，但已经过本土化的过程，因而演变成日本型的宗教，从而开辟出东亚中华文化中的次文化类型，即日本型文化。日本地理位置特殊，可以说需要与天斗、地斗和人斗。而在此斗争过程中，日本人逐渐地从关注个体发展到注重团体，因为日本的自然和社会条件，只有在团体组织条件下才能更好地生存，而且需要依赖实力征服所面临恶劣的自然和社会环境，因此日本传统中形成注重军事组织的文化。从文化和宗教层面上而言，就是武士道精神。武士道不仅注重个人的力量，而且更为注重团体性和组织性。

在列岛社会环境中，日本人需要求取生存，因此相互争斗是常有的事情。只有当天皇制度确立，日本走向统一，这样的争斗才暂告停歇，但仍仅局限于列岛。随后日本开始征服四邻：一是"虾夷"，即现今的北海道；二是冲绳，即历史中的琉球王国；三是朝鲜半岛，即现今的韩国和朝鲜；四是中国，即近代清王朝；五是东南亚诸国，包括菲律宾和马来西亚等；六是夏威夷，即突袭珍珠港。在列岛统一的情势下，日本向上述国家和地区发动侵略战争，体现出其军事组织的特性。目前上述遭受侵略和征服过的地域，有的已纳入日本版图，比如"虾夷"和琉球王国（获取管治权），而更多的是留下历史的印痕，铭记日本侵略与征服的历史，以及实施惨绝人寰的大屠杀。历史悲剧不可能再次发生，但日本民族的本性却难以改变，即具有军事组织特性和传统黩武观念的大和民族，难以获取根本性上的改造。在现代美军驻日的情况下，日本还在中国固有领土钓鱼岛及其附属岛屿和东海油气田资源问题上肆意滋事，因此必须对日本民族本性进行更为深刻的剖析，从而在引起足够关注的同时制订长远的对日战略、策略与计划，最终清除背叛中华文化和非人性近邻——日本的威胁，才能真正地展开中华民族及其文化发展的华丽画卷。

上述已提及，在日本传统文化中，存在男女共浴的习俗。日本女性对坦胸露乳并不忌讳，"风吕"男女也无耻感。近代维新以来，在文明开化风气中，这样的习俗逐渐地消逝，日本政府发布禁止男女共浴的"惩戒令"。随着"脱亚入欧"和侵略殖民，日本的国力日益强盛，于是激发了更大的野心，更大规模地侵略东亚各国，特别是朝鲜半岛和中华大地。日军长年在外，因而又出现随军慰安妇制度。日本女性也坦然接受，热情拥护和支持这项制度，当时踊跃报名参加。但随着战事的进展，环境日益恶劣，前线的将士难以获取随军日本女性的慰安，便采取就地掠取受害国女性的办法，借以充当随军慰安妇，此即战后的慰安妇问题。

天皇颁布诏书、宣布降服之后，美军进驻列岛并长驻，日本政府又建立慰安妇（夫）制度，但慰安的是美国军人。因而现在日本存在美国军人的后裔，可以算日本慰安妇（夫）制度的现代"作品"。当然也存在一些社会问题，比如这种制度下出生的孩童，有的随父前往美国，后来前来日本投亲，但出现日本女性激愤杀害亲生子女的事件。但与此同时，日本政府采取这项制度，战后捞足便宜：美军明显减弱了对日本的清洗；缓和日美之间的战争气氛；获取对天皇的特赦，并由此延续了天皇制度；明暗保存战争期间日本掠取东亚各国大量的物质与文化财富；输出日本女性，解除战后因男性缺乏所造成日本女性的过剩问题，维持男女性别之间的平衡；促进融入美国人群，为现代社会的发展奠定一定的人文基础。

由上可见，对日本而言，战后日本人的慰安制度存在历史上的益处，当然也存在现实上的坏处。但有一点可以肯定，这样的历史现象是日本传统文化的延续与发展，只有在日本社会土壤中才可能酝酿和形成这样的制度。随着战后日本社会的发展，日本人日益开放，现今体现在日本人的家庭观和性别观中，以致在新宿和涩谷的红灯区及援交场所中，依然可以见到日本人的开放与从容，在现代商业气息中融入日本传统的习俗，形成极为独特的日本社会风情。

漫画在日本受到普遍的欢迎，不仅会认字和看画的孩童心存喜爱，就是成年人也乐此不疲。漫画世界存在各种各样在日本现实生活中难以启求和获取的满足，比如功夫、性、战争和情感等。日本生活的节奏相当快，社会风气又倾向于勤奋工作，其中虽然充满集团主义的精神，但也少有空闲去联络私人感情，因而漫画成为日本人调剂生活的味素。日本漫画业相当繁荣，漫画书占有书店一半左右的份额，而且日本人百看不厌，无论是耄耋老翁和美丽姑娘，还是牙牙学语的孩童，因为其中能满足不同年龄、层次和素养人的需求。同时，由于日本现在基本上还处于美国的保护之下，主权仍然依靠美国的军事庇护，实质上是处于美国控制下的现代半殖民国家，虽然享有高度的经济独立和技术实力，但美军驻日需要日本必须耐住火气，以及极力地讨好美国，同时也千方百计地利用美国，为争回面子还可能制造点事端或舆论，比如频发美国大兵强奸日本少女的事情，当然是列岛的百姓吃亏受累，特别是琉球人民。

日本经常地采取这样的办法，通过制造一些事端，争点现代文明人的脸面，甚至使点阴谋诡计，比如所谓中国河北省天洋食品公司水饺中毒事件，但依据调查信息显示，极大可能是日本制造、旨在破坏中国产品质量形象的事件。其实中国人和日本人都心知肚明，但为了做好舆论攻防，中日政府郑重其事地深入调查。其实在这个事件中，中国永远为受害者：因为不配合调查，所谓中国商品质量存在问题成为"事实"；若自己去调查，查明事件原因的困难程度相当大，也可以说难以解说清楚，查的时间拖得越长，对中国越不利。由上可见，这是日本精心策划的阴谋。

日本制造诸如上述的阴谋，都是为了显示其正常国家的地位。实际上，日本仍然是美国的现代半殖民国家，其实日本也清楚这样的事实。在所谓日本"建国の日"，街头"右翼"就喊出"自主宪法制定"的口号，可见日本急于改变现状。日本还将防卫厅改为防卫省，从而向军事大国快速迈进。但无论如何，美国永远不可能主动退出在列岛的军事存在，这是必然的发展现状、前景与趋势。日本人在现实中难以实现的理想、发泄的怨恨、改变的现状，可以在漫画中获取各种各样的实现。由上可见，漫画与日本人之间存在相当紧密的联系，甚至影响到日本人的思维意识、世界观念和价值认知等方面，因此需要注意漫画在日本社会中的重要影响与作用。

民族根性：卑琐与傲慢

明治维新以来，日本逐步地从自卑走向自大，开始了大日本的历史，致力于建立"大日本帝国"。二战之后，日本成为美国在东亚的附庸，但善变的日本又成功利用了美国，获取了经济上的崛起，出现所谓"右翼"组织及其势力，并对战败进行辩护，甚至利用美国与苏联及中国之间的矛盾，在美国的护持下充当起东亚"犹大"的国际角色，寻求自身最大化的利益，以及梦想恢复历史的荣光，由此"大日本"的梦想开始死灰复燃，"大日本"思想重新出现，并体现在日本社会生活之中。从北京回东京，到达成田机场的飞行时间，不到三个半小时，但从成田机场转乘轨道电车，前往成城学园前站，却花费近三个半小时。主要的原因是京成线的绕行：首先从成田机场往南，然后由南向北（两倍于前），随后到日暮里。在日暮里转乘山手线，到达新宿之后，再转乘小田急线，到达成城学园前站，最后才能回到国际交流会馆。若直线从成田机场到日暮里，路途非常近，关键是所有从成田到日本的旅客基本上都要经乘京成线的绕行，难道以此就能显示日本之"大"，然后号称"大日本"？

日本民族性存在由自卑转化为自傲，甚至自大的成分，同时还具有极为强烈的好战与报复心理。明治维新之后，日本发动东亚侵略和殖民战争，极尽所能地对中国进行历史性的报复，其中重要的原因是中国长期强大，虽然一贯地存在对日本文化上的输出，但日本民族性却存在深感屈辱的一面，比如历史上的俯首称臣，特别是向中国进献"牲口"。因此日本历史观存在极为强烈的自卑心态，强大之后遂产生更为强烈的报复心态。二战之后，日本虽奉行与美国结盟的战略，并由此获取极为丰厚的回报，但还是带来极大的耻感，深藏在日本社会和文化的心理，长期存在于日本民众的内心，这是由自卑所产生社会文化心态的变异，形成具有极为"充足"的理由，并妄图寻机进行报复的国民性特征。

因此，现在日本虽然极力地联盟和讨好美国，但一旦时机成熟，美国必将遭到比广岛和长崎原爆更为惨烈的"回报"。其实美国人也心知肚明，极力地维持在日本长期的军事存在，虽然给尽日本利益和国际好处（比如战后将琉球的管治权给日本；利用日本列岛作为战后局部战争的后勤基地，日本出现20世纪50、60年代至70年代经济和科技等各领域的复兴），但这样的恩惠不可能让日本民族性由自卑到自傲甚至自大感的消失，反而还会产生更为强烈的民族报复的社会文化心态。若让日本获取长期持续的发展，任由日本军事力量和科技充分强大，以及世界各国发展所出现的强弱轮转，同时若美国势力衰弱成为历史的事实，日本将会成千上万倍地报复美国，这是日本民族性或社会文化心理（或心态）的必然逻辑。这一点也是日本极力地阻止中国强盛的深层原因。日本"以小人之心度君子之腹"，担心中国强大之后也会对其极尽报复，这是日本民族性和社会文化心态所决定的，必须充分地认识到这一点，然后寻求应对之策。

中日民族性之间存在较为显著的区别。从哲学层面上讲，由于日本传统文化渊源于中国，可以通过同一定性标准进行比较分析。中华民族尚"文"，日本民族尚"武"；中华民族尚"善"，日本民族尚"恶"。因此，中华文化或社会文化心态更多地存在文治的色彩，孔孟"性善论"的思想影响很大，善的因素较多；日本文化或社会文化心态更多地存在武治的色彩，周易"阴阳论"和孙子"诡谋论"的思想影响很大，尚武的精神较深，同时掺杂儒家思想的影响，但更多地继承荀子的"性恶"思想，因此日本社会更多地存在"邪性"。而中国继承孔孟儒家思想，更多地吸取孟子"性善"思想的精华，因此更多地提倡建设世界大同与和谐世界。由此看来，中日两国从传统文化开始，就存在巨大的民族性差异，当然相互之间的隔阂也就难以消除。

目前看来，中日关系的处置只有两条路径：一是中日接近，消除分歧，走文武、善恶共进之道；二是处理分歧，武力统一列岛。两种做法的共同点：必须是中国的势力日益强大，进而成为世界首要的强国，处于国际事务处置中的绝对优胜地位。根除日本民族性中的对华"邪性"，需要相当长期的发展过程，必须对日本列岛进行直接治理，消除日本文化中的"反华邪性"成分，包括日本文字系统和命名系统等，还应收回日本长期在华掠夺的中华文物，从而恢复中华文明的历史光荣。如此看来，中国必须恢复久已湮没于历史尘埃中的尚武精神和"性恶"人观，走文武兼治、善恶兼具的文明复兴道路。若要建成和谐世界，必须先走尚武和"性恶"的发展道路，这是中国近代化的最后启示与历史教益。

日本具有强烈的民族性特征，但在社会实践中却具有明显的多元性特征。日本奉行民族性的政治理念，政治派别在实际政治和社会实践中具有较大的影响力，这不仅表现为执政党的社会影响，而且还包括反对党及其他团体的社会作用。但无论任何政党及其他团体的社会政治活动，都存在同一的民族性特征，即为追求最大化的国家和民族利益，而且一致性地渗透在日本社会和政治生活的方方面面。因此，试图依靠日本政党和社会团体的言行与理念制定对日政策，显然相当愚蠢。清末魏源提出的"以夷制夷"策略，至现代已失去显著的意义，这不仅体现在对待一个国家内部政党和社会政治团体之间的观点异同，而且就是在与国际社会各国之间关系决策中也难以取得显著的成效。

国际社会和政治上述这样的现实需要中国各社会和政治团体进行必要的考量，不仅是执政党需要进行必要的考量，各种具有民族性的社会政党和团体也都需要进行必要的考量。甚至从民族性角度来看，即使中国人反政府团体也不应失去民族性理念，不应成为其他国家要挟中国政府和人民的工具。历史中存在这样的事例：即使在国共纷争的时代，蒋介石和毛泽东在民族利益层面上还能保持一致，比如在大陆实施对越反击作战中，蒋介石给予配合与支持，这样以民族利益作为考量的决策是两岸值得珍视的历史亮点。目前海外中国人反政府团体缺乏这样的理念，往往落入外国政府和集团的利益诱导，成为中华民族发展的绊脚石，因此应为所有中国人唾弃。海外中国人都应反对这样的政治团体，粉碎心怀不轨的势利团体，以及阻碍中国发展的新"汉奸"，同时也为中国发展创造团结的民族氛围，为中国改革创造必要的内外部环境，其实这也是中国共产党所追寻的目标，并且符合民族性理念，适应社会政治发展的趋势。

从日本政治现状可以看出，民族性理念值得珍视，虽然日本在具体程序上采取多元的实现模式。集中体现在：通过政治事务的现实对立与利益协商，实现公民利益至上的施政目标；通过容许设立各种社会和政治团体，实现社会的生活和谐与利益均衡；"右翼"团体的出现也是多元化的具体表现，其具有较强的政治和经济实力，在社会和政治生活中具有较大的影响，实际上体现出日本民族性理念的现实。在投降日，日本政治人物很忙碌，农相和法相等前往参拜靖国神社，另外还有安倍和小泉等原首相及参众两院议员等，这样每年都举办的活动充分地体现出其民族性特征。以前太平洋战争中的中国与周边等受伤害国家都提出抗议，或许现在都清楚这一点，因此放低了抗议的调门，从抗议走向实际的应对。其实很清楚，对待这样政治伎俩的唯一办法，就是铲除日本所存在的民族性土壤，而在目前社会和政治格局下，中国与周边国家的抗议毫无实际的意义，而日本所依靠的是美国在日势力及其经济和技术的发展，因此制约日本政治"右翼化"的措施，唯有从经济和技术层面上削减其国际影响。

但从目前国际政治格局来看，中国还需要与美国保持必要的联系，以利于共同制约日本民族性的发展。同时对中国而言，关键是要实现经济和技术等层面上的超越，文化上也需要进一步地统合，从而实现中美对日本的现实性瓜分，抑制日本进一步"右翼化"发展。日本民族性很狭隘，利益主导的倾向很严重，很多社会和政治生活都存在非常明显的表现，比如《读卖新闻》对北京奥运会奖牌的名次报道，开始时并非按照奖牌数排列，首位是美国，然后是其他国家，而日本并非排在显著的位置，当然同时导致中国也并非排在显著的位置，表现得很狭隘，其实体现出日本处理国际事务的策略性，以及在社会和政治生活中的民族性理念，即奉行以国家和民族利益为最大的主导思想。因此日本人的乱弹并非没有原则，而是以民族性为理念，追寻国家和民族利益的最大化，这是中国政府需要切实关注的事情，并应努力地寻求最为适当的应对策略。

日本人酷爱漫画是出名的，无论何家书店，漫画图书必定占有一定的销售额，这是日本社会中的事实。但同时日本人也爱看色情书刊，这与当前日本社会也存在紧密的联系。新宿歌舞伎厅的按摩业和色情业，以及涩谷的少女援交业很兴隆，这也是日本社会中的事实。有时真的搞不明白，日本男人每日西装革履，女士短裙露腿，风雅而时髦，怎也不会将这样的绅士和淑女派头，与夜幕中的性交易联系起来，但在日本都成为事实。有时走出会馆，想到大街、电车、小巷和胡同中感受日本人的生活，从日本人的西装革履和步履匆匆中寻找东京游记的绝好题材，并由此开阔视野，更为深入地体察日本的民风与习俗。有时看到街头的色情图书小摊，坦然地在街道边上有序地摆开，没有警察和城管制止，成为匆匆人流边上的"黄色"风景。有时还能看到西装革履的男士，手中拿着色情书刊，同样坦然地走在人群之中，一副镇定模样，而周边匆匆的男女也毫无异色，依然有序地走路，快节奏地赶往轨道电车的站点，或去单位上班，或赶回家休息，没人关注周边这样的情景，真让人默然凝思。可以想见，色情书刊和色情业已成为日本社会生活中的组成部分，并没有给人异样的感觉，正如匆匆人流和街边店铺一般平常，每个人只是守护自己的工作和家庭，社会中的事情仿佛都事不关己。而在这样的平常中，色情书刊摆上连锁超市的货架。无论是进货和销售，一切都如此坦然而平常。日本真的是"上帝"的杰作，把一切的美好与邪恶都附着这片群岛的土地之上，把一切外表和内心的差别都标记在社会中的匆匆行色，真的让人慨叹这样变异的日本人，以及不可思议的日本社会。

过去有丑陋的日本人之说，柏杨甚至附和而撰写《丑陋的中国人》，现在柏杨终于作古，丑陋的中国人也没人重提。在东京，反倒感到日本人的恶心。主要表现在：其一，恶心的毒饺子事件。日本媒体炒作所谓毒饺子事件，已过去很长的时间，中日刑侦还在持续推进，两国"高人"也达成基本的合意，即放弃争议、继续侦查，力求尽快地解决。北京奥运会闪亮登场，但与此同时日本报纸在显著位置刊登所谓毒饺子事件，信息指称发现中国河北饺子工场的制造产品造成日本人中毒的问题，从而意图在放大事件之后再次影响日本乃至其他国家的舆论，由此更为关注北京奥运会的饮食安全问题，从而打击中国农产品及其服务产品，同时还对北京奥运会造成些许负面的影响。从目前造成的结果来看，负面的影响相当有限。但日本媒体的态度却相当令人恶心，表现出日本人普遍地存在对中国日益发展与强大的嫉妒心态，以及蕴藏于日本社会心理深层的"大陆政策"及其思维。日本人重拾所谓毒饺子事件，福田前往中国参加北京奥运会，会见胡锦涛时甚至重提此问题，因此体现出日本基本的政治策略，即在舆论上造成对中国政策的影响与作用。但中国不可能是朝鲜，日本通过炒作所谓朝鲜"拉致"事件，妄图控制朝鲜核问题解决的步伐，但日本不可能凭借所谓毒饺子事件，会影响到中国的发展与进步。实际上，这只能让很多中国人对日本感到非常恶心。

其二，日本军机事件。四川抗灾时日本人表现"非凡"，其实是中国政府有意借此提升中日关系的策略，中国人民从现象中感受到日本人的友好，事情本来可以更进一步地促进中日民众之间的相互理解，但随后日本媒体故意地炒作军机运输救灾物资事件，导致中国民意出现反日情绪的反弹。日本人又采取新的伎俩，即出现回访中国的日本军舰装载救灾物资到湛江事件，同时还提出福田参加北京奥运会开幕式时乘坐军机前往北京。本来这件事情并不能反映啥，军机与民机只是语词上的区别，军机若无军事上的用途，其实与民机并没太大的区别，但日本媒体还是炒作一番，仿佛这才体现出日本人的优越。其实中国政府做得很对，至少胸怀上体现出中国的博大与开放，即容许日本人这样做，即使如此也不能说明何种实质内涵，因为中国防卫已足以应对日本无赖与无聊的新闻舆论。但事情却充分地体现出日本人的嫉妒心理与狭隘心态，足以让中国人感到十足恶心。

其三，"原爆"纪念事件。日本人对美国在广岛和长崎的"原爆"记忆犹新，每年都举办纪念活动，目的当然很清楚，就是不忘历史。但恰恰相反，日本人有时却很"健忘"，早已忘记发生在中国的南京大屠杀，死亡人数在日本研究界还议论纷纷，甚至出现"南京大屠杀是杜撰"的论调。但对美国为结束太平洋战争，而在日本使用原子弹的事情，却总没有忘记，不仅给予受害者司法申诉的权力，媒体还经常发布受害者胜诉的报道。但很少看到中国和周边的受害国家民众在日胜诉的结局，因此日本人的"健忘"存在选择性的特征。美国总统布什和日本首相福田都到中国参加北京奥运会开幕式，前者放弃在华重提人权问题（其实这也不是啥问题），在北京四天并参加美国驻华使馆的揭幕、视察美国运动队训练、观看中美篮球等各项比赛，而且全家出动，老小布什乐此不彼；后者则申明在华停留不超24小时。中国还接受日本的邀请，参加广岛"原爆"63周年的纪念。中国政府的决策存在某种一贯性特征，虽然历史上周恩来曾派赵朴初出席过这样的周年纪念，但还是让人难以理解。在日本尚未澄清侵华真相之前，其实中国没必要参加这样的纪念，中国民众也不应赞成政府采取这样的步骤，即使低级别官员参加也不应赞成。况且，"原爆"的发生具有正义性，即是太平洋战争结束之前的绝响。但日本在对待中日受害者的态度上却存在极为显著的差异，在处理相关提诉问题上也是采取不同的政策，甚至司法解释也说不通，比如中国受害者的申诉时限已失效，但日本人受害者的申诉时限却永远有效，此即日本人的逻辑，怎能不让人恶心？

从上述事例可以看出，日本人的恶心是有原则的，即日本民族性原则，这与日本社会和政治态度存在一致性。因此中日永久和平是虚幻的，中国政府不应向民众灌输所谓"中日世代友好和平"的声音，应将真相告诉中国民众，特别是受害民众，并及时地调整对日政策。其实，对外政策虽然要具有连续性，但也应存在调整与发展，何况国内政策还存在拨乱反正，对外政策更应存在调整的空间，不应从建国开始就始终不变。时代在发展，社会在变化，日本人的侵华历史观还存在变化呢，因此中国对日政策也应进行符合社会发展的必要变动。在这一点上，中国政府应进行深刻的历史反思。

语言文字：汉字与假名

明治维新之后，日本文字中大量地渗入西方的术语。目前来看，日本文字基本上是由四大部分组成，即平假名和片假名，以及汉字和西文，当然西文都通过平假名和片假名的形式呈现。从平假名和片假名构成来看，前者由中国草书发展而来，后者由中国汉字偏旁改变而来。由此可见，日本文字充分地体现出其文化的多样性和不成熟性（或成长性、发展性），具有不断地吸收其他文明成果的特质。另外还存在值得思考的一些问题，或许只是思维隐射的现象。日本文字在表达"钟点"时，半小时用"HAN"，通常与汉字中的"汉"同音。站在近代历史角度来看，不知这对近代出现的屠杀事件是否存在部分的关联或影响？！若存在这样的思维，则可见近代日本社会存在对中国的种族灭绝政策。可能存在某种程度上的联系。但即便如此，也只是由于存在潜在的思想而导致出现残暴的行为，或许这也反映出日本文化对日本人行为的潜在影响，无论这样的影响是具有个人性还是社会性特征。

明治维新之前，日本文化处于东亚边缘的地位，但明治维新之后，日本走上近代崛起之路。随着军国主义思潮的膨胀，日本社会充盈东亚侵略和殖民的热潮，发动臭名昭著的"十五年战争"，此即日本走向东亚侵略和殖民的历史过程。伴随近代日本政治和军事在东亚影响力的增强，日本文化也逐步地由东亚的边缘走向中心。从中日文化发展来看，日本文化由入超变为出超，突出的表现是清末中国游日浪潮的出现。在学习日语时发现，日本语言存在尊崇徐福为祖先的现象，比如中文"且"字，日文写成"巿"字；中文"姐姐"称呼，日文写成"姊姊"；中文"福"字，日文写成"沛"字，因此"徐福"即"徐沛"。由此可见，日本文字沿用中国古文字中的诸多技法，同时日本社会存在尊崇徐福为祖先的历史因缘，其中都体现出日文与中文之间存在的微妙联系。随着在东亚侵略和殖民政策的开展，日本社会、经济与文化等方面都获取前所未有的迅猛发展。从文化角度来看，日本逐步确立东亚文化的中心地位。中日甲午战争之后，近代中日文化交互逐步地扩大。随着中国赴日人员的渐次增多，日本在华的影响也逐步增强。近代中国文字改革和西化运动都受到日本的深刻影响，比如拼音化运动就是日本文字影响的结果。

日本人喜爱漫画，这在日本已成为尽人皆知的社会现象，以致当年麻生首相也成为漫画迷，当然遭到部分学者和政客的非议。日本漫画内容无所不包，可以说已成为日本人精神生活和社会文化的组成部分，以及日本社会中思想表达和思维模式的重要特征。同时应注意到，日文是由汉字、平假名和片假名，甚至西文组成，其中汉字的地位显而易见，但平假名和片假名的用法与旨趣却相当耐人寻味，其中片假名更存在特殊的用法，比如日文中的重要外国地名和人名，除东亚外大多数采取片假名形式，有时还用于其他领域，比如祖师谷会馆灶台间的垃圾处理分类提示："Cans only"，日文则表达为"あきさん"，名词"桶"和"罐"则是用片假名表示；"Plasic Bottles"，日文则完全采用片假名表示。其实日本文字的平假名和片假名还可以完成整篇的文章，形成汉字注音。由日本漫画和文字可以知晓，日本人存在实用的理性，即灵活与实用的处世哲学，这也集中体现于日本社会近代化过程之中，采取对西方的妥协，而不失其本土的精神，即奉行"和魂洋才"理念，与中国"中体西用"理念的历史含义存在极为明显的差异，最终也就导致中日近代化乃至现代化存在极大的发展差距。

日本文字是在汉字基础上创发出来，因此处处留有中文的印记，但也不难发现其中的"兴味"。学习日本文字"国"与"肉"时，就很有感触。"国"在日语假名中读"くに"，而"肉"在日本假名中读"にく"，可谓一针见血，即非成其为"国"者，必成他人砧上的"肉"。何其形象！同时也映衬出中国的谚语：若国家衰弱，必将是"人为刀俎，我为鱼肉"，近代中国就是这样令人难堪的历史过程。在日本人的著述特别明治以来诸多著述中，存在大量对中国挑衅和蔑视的东西，即使现在也还存在大量不利于中国的内容，对中华文化建设与文明发展形成长远性的严峻挑战，应更为深入地分析和研究日本文化对中华文明的继承与叛逆，即在看到日本文化对中华文明继承的同时，还应切实加强日本文化对中华文明叛逆的认识，认清在和平年代日本对华文化侵略行径和长远战略目的，要不断地警醒国民认清日本民族的本质，以及对中国存在的险恶意图，其中体现出日本长远性和战略性特征。现实日本也不可避免地存在机会主义意识，即一旦中国趋于弱势，日本还会重新侵略中国，其中存在深刻的文化因素。因此，中国政府应制定相应的战略和对策，设法拔除中华文明长远发展的障碍，固化中华文明延续与发展的根基，力求彻底排除长远性的忧患，从而更好迎接强盛中国重新展露于世界的时代来临。

曾经多次提及日本社会文化心理中存在的对华邪性（恶性）问题。途经新宿站转乘小田急时，见到"竜王"地名的标志，其中涉及中国图腾的标志——"龙"。中国繁体字写成"龍"，但日文汉字却写成"竜"。日文汉字"竜"的写法玷污了中国的图腾，可以解读其构造：上半部为"立"字，下半部为"去头之龟"，即不仅成为站立的无头龟，而且成为残暴的代称，明显地带有对中华文化的污辱。中华的图腾为"龙"，中国人皆为"龙"的传人。中国繁体字为"龍"，而明治之后日本弃用中国繁体"龍"字，而改创为"竜"字，其中的用意相当明显。"龟"亦为中国重要的文化符号。中国最早的文字为甲骨文，日文"竜"字明显地带有"站立无头龟"的意思，既玷污中国的文化，也体现出对中国人民的杀戮气息。二战时日本人杀害的中国人难以胜计，仅南京城内一周的大屠杀就达30余万人。

日文比较常用汉字有3000余个，应仔细地进行结构及其用法以及地名及其他名称的释义，解剖其各种文化的载体，特别是日文汉字内部所存在对中华文化的背叛成分。日文汉字的选取存在较为严重的"反华邪性"，这是日本文化所存在"反华邪性"的显著标志，需要进行慎重地考证。联想到日军侵华在中国杀人比赛的场景，甚有感触。无首之龟，虽有千年，仅以言立。日本文化（包括文字）已深度地表现出其民族性中的反华因素，对汉字所做的文章还有其他多处的体现，足见日本文字存在对中华文化的背叛成分。因此日本文化内部（深处）存在对中华文化的背叛成分，这难以用友好的言辞来说服，应予以高度的关注。同时也足以表明，必须刨除日本文化中对中华文化的背叛根源，才能最终促使中华文化普及全球，以及造福全人类。

现代日本通过扩大中日两国，特别是留学生之间的交流，借以扩展日本文化对中国社会和人民的影响与作用。但无形中日本文化的"反华邪性"也濡染了接触者。由此可见，日本人对华邪性和暴性与日本文化紧密相关，因为日本文化本身就存在极为浓厚的对华邪性和暴性。在这一点上，中国人一定要认识到，并时刻地牢记：日本文化是反华、辱华和暴华的文化，需要千方百计地予以关注与应对，这是中华文化最终回归历史地位的必经途径，需要努力争取中华文化的国际地位与形象，摆脱日本文化对中华文化的掣肘与侵蚀，最终要改造日本文化及其民族特性，甚至可以采取适恰的战略措施加以应对与处置。

日语存在多处对中文"反动"的现象，与其说这是日语中的汉字现象，不如说这是日本民族性中的反华现象。比如中日纷争中的钓鱼岛及其附属岛屿，日本命名为"尖阁列岛"，将钓鱼岛称为"鱼钓岛"，正是采用与中国人相反的思维，可见日本文化存在极为强烈的反华因素与色彩，这样的现象需要正视与关注。其实在很多事情上，日本都体现出这样的社会心态与文化动机，甚至涉及政治、经济和外交等各领域。比如，日本也加强对非援助，其中的用意很显然，主要针对中国近年来在非洲日益提升的影响力，同时联合美国强化在东亚的政治、外交和军事活动；派兵阿富汗和交往蒙古，特别是在中国台湾与日本关系上出现转变；在中日关系出现缓和的情况下，日本采取强化蒙日关系的措施，借以冲击中国台湾对蒙古的立场，表面上不是针对中国，其实冲击中国台湾（中华民国称谓，大陆不承认"两个中国"）对蒙古的不承认政策，其中的用意也很明显。现在表面上缓和与中国政府之间的关系，其实符合日本的利益最大化。日本还在提倡中国改善人权和民生上放低调门，主要也是中国政府的政策符合日本的国家和民族利益，若再过度地强调中国的人权和民主，中国已放弃日本侵华的国家战争赔偿（因为之前并未经过人大会议的讨论），以及中日多项条约，就需要进行重新的审定，特别是中国受害者的在日诉讼将需要进行重新的审判，其后果将对日本的国家和民族存在非常不利的影响与作用。最后还要特别提醒，现今日本社会和文化中的反华因素表现得日益明显，迫切需要中国政府和人民给予重点关注与强有力的应对。

"瑞穗"是日本的另一别称。翻看日文历史书籍之后，了解到日本除"倭"之外还存在另一别称，即"瑞穗"，感到这样的称呼比较少见，也很有兴味。但尚不知这样称谓的由来和内涵何在，感觉可能与传统日本的农业活动存在紧密的关联。毕竟在近代工业化之前，农业是传统日本的主要产业，获取粮食的丰收是列岛经济所祈求的美事，很可能由此而取名"瑞穗"，即冀望成为盛产粮食的国家，足见日本农业经济的传统特征。若能寻到确切的含义，还真有可能存在较为深刻的历史和发展内涵，值得玩味与细察。"大日本"正如日本的称谓，也是中国史书赐予列岛的名称，只不过日本人误读其中的含义。中国史书《魏志·倭人传》是对日本进行记述的古典文献，日本可以稽查的历史，就是从其中的记述开始。

日本文化也来自中国的文献，这也是有案可稽的历史事实。之前对"大日本"的历史仅停留在日本侵华时期的"大日本帝国"和"大东亚共荣圈"，殊不知"大日本"的名称也是来自中国的文辞，足见中华文化对日本历史进程所存在极为深刻的影响与作用。但日本人对汉字的选取存在较为认真的考虑，虽然古代日本没有挑剔的权力。近代特别是明治维新以来，日本人开始对汉字进行"慎重"的选取与改造，渗入各种傲慢和自大的成分，同时也不失时机地表达出"反华邪性"的社会和文化本质。比如，以"支那"称呼中国，明显存在对古代中国称日本为"倭"的近代反应，并开始大规模地误读汉字的真义，甚至更改汉字的造型，渗入极为浓烈的近代日本意识，充分体现出近代日本文化转型中"反华邪性"的形成与发展过程。同时，日本人对"日本"存在两种读法：一是读"ni home"，对日本人而言这有温馨之感；二是读"ni pome"，对日本人而言这有骄傲之感，即存在"大日本"的含义。其实，在日本人对"日本"的两种读法中，暗含极为不同的内在含义。由上可知，除了自卑之外，日本还具有自恋与自大并存的民族性特征。

文化传统：神话与习俗

古代中国的皇帝称为"天子"，古代日本的天皇称为"天孙"，可见两者辈分相殊，以及古代中日关系和地位的差别。古代中华文明光耀四方，特别是近邻日本和朝鲜半岛（朝鲜、韩国）。日本神话源于对古代中华文明的历史臣服，"天子"和"天孙"的称谓凸显中日两国在古代文明进化中的不同地位。但20世纪初中期，近代以来中国的"天子"渐成傀儡，遭遇革命大潮的洗刷，日本的"天孙"竟是后台，此后中国的"天子"逐渐地走向寿终正寝，成为历史上的名字，可谓"天子"已逝。然而日本的天皇依旧，"天孙"仍存，尚在闲庭信步。可以想见，从古代到近代，中国的皇帝从"天子"到没落无迹，日本的天皇从"天孙"到叛逆，可谓大逆不道。但只是此说而已，日本的"天孙"照样做着天皇，号称日出之处的"天孙"，而中国的皇帝只是日没之处的"天子"，渐渐地湮没无迹。其实日出之处的"天孙"也只是中国人的印象，日本人只认天皇，而"天孙"只是日本人媚态和灵活的策略。正如现在日本之视美利坚，而日出与日没，也只是中国人的概念，而在日本照样是日从洋中起，日至西边落。由此可见，太阳并非从海岛中生成，也并非在大陆中湮灭，日出与日没只是自然界和宇宙的规律。

但历史残酷无情，"天孙"击破"天子"的铜墙铁壁，其作为是犯上作乱，还是五帝指使？其实纯属人间的事情，何以责怪祖宗。由此看来，《西游记》中的孙悟空来到东边，现今孙毛猴的后代遍布列岛。耍枪弄剑，号称武士道；花拳秀腿，号称空手道。现仍耍弄古代中国的十八般武艺，戏弄"天宫大神"（玉皇大帝）。"天宫大神"存身昆仑山，建有别致的神宫，号称"天庭"，并命其孙"天照大神"监管列岛上的猴子与猴孙，而"天宫大神"则俯视天下的子民，号称"大中华"。进入21世纪，面临改制的时代，中国人应自奋起，以故"天子"之威压今日"天孙"之气,荡平孤岛与悬滩,统一"天子"之地和"天孙"之涯,废"天子"之名和"天孙"之位,合为一家,遂致天下大同,以成"大中华"(华夏),并由此拓展"神州"。因此中国应鼓吹探险的精神,呼唤"现代徐福",但别学其一去无音信。"现代徐福"应敢于远赴海外、建功立业,然后返回中国、为国奉献。即便公务缠身,不能返回祖国,也应多为国家做贡献。现代科技日益发达、通信便利,人员往来频繁,旅居海外虽非长久之计,但也可以作为桥梁,沟通内外、联络中西,即"现代徐福"应有现代的特质。

查看天皇系谱,日本皇室中的乱伦现象相当普遍,辈分交错的婚姻常属正常。由此可知,日本社会对伦常辈分并不看重,体现出日本对中华文化摄取时的选择性,这就是日本对待外来文化的态度,即为己所用。日本虽然属于"大中华文化圈"的范畴,但日本文化又存在极为鲜明的自身特点,表现出与东亚大陆文化存在相异的特征,主要表现在摄取范围和侧重点等方面。比如,放弃中国大陆的尚文倾向和内向性格,而摄取中国大陆文化的尚武倾向和外向性格。这样的差异也可以从现今日本社会和文化现象中获取印证,比如日本社会和文化中漫画盛行,以致麻生成为漫画首相;武士道盛行,以致已成为日本学校体育和校园文化上的重要特征。日本人的谱系对辈分不看重,乱伦现象多见,也是对中华文化中伦常辈分的摒弃,可见日本文化是"大中华文化圈"中的异数。由上可知,日本"反华邪性"的产生与发展存在比较深刻的社会、文化和现实基础,而日本人的乱伦现象只是其中的鲜明表现。其实也可以说,日本人的谱系只是日本文化在"大中华文化圈"中异数的典型例证。

阅读朝日新闻社出版的《日本の历史》,其中第8卷有本草学和汉方医学的内容,以"理论的中国、实践的日本"为标题,由此联想到中日历史比较,觉得这样的看法可以扩展到历史多领域,而不仅仅表现在古代医学领域。比如兵学与武士,日本将中国武士发展成武士道,并与神道教和近代西方科技相结合,从而出现近代日本的繁荣与发展,当然这又与日本在东亚的侵略和殖民实践相联系,也与中国血的代价相联系。再如，日本社会存在各种各样的祭祀，大多缘起于古代中国的文化和习俗，但日本人却继承下来，并与本土文化相结合，从而形成较为独特的传统文化，比如艺能就较多地存在古代中国民族的歌舞、话剧和技能，但以明治维新为界限，日本对中国文化习俗的吸纳划分为两大重要阶段，但两阶段的特征存在较为显著的差异：前时期为模仿与羡慕，后时期为背叛与蔑视。同时，两阶段对中国文化的吸纳是共同的，但表现却也存在较为显著的差异：前时期相对较好理解，后时期作何理解？"反华邪性"成为其中重要的特征。

从日本文化载体（文字）中可以感受到中国的图腾："龙"（繁体字为"龍"），但近代以来日本文字的"龙"却变成"竜"，即"站立的无头龟"，带有较为强烈的反华意味。另外，为报复古代中国称日本为"倭"，近代日本人为中国创出新的名称："支那"，即要"支解那个国家"。日本获取琉球管治权之后，将琉球改称为冲绳，琉球与中国接邻的海上有个岛屿，日本改称为"与那国岛"。上述名称在日文汉字含义中存在较强贬损中国的意味。日本人甚至针对中国人的文化特性，称中国人为"支那猪"。当然在抗日战争时期，中国人也称日本人为"日本鬼"。可以想见，日本的中国观历经了较为显著的变化过程，而过程的中间点就是明治维新，这是应引起关注和思考的文化问题，也是当前中国制定对日战略所应关注的重要问题。日本政府与日本人民并非相互分离的，中国对日本所谓"中日世代和平友好"的出发点显然存在极为严重的问题。若中日文化障碍不被消除，不可能存在真正意义上的和平共处和友好，中国政府和人民切莫一厢情愿。日本社会的"反华邪性"存在极为深厚的文化基础，这是值得关注和沉思的重要战略问题。

历史有时会出现惊人的契合，《倭人传》曾命名日本列岛中的众多小国，其中较大的国家为"邪马台国"和"狗奴国"，从而让这样的国名进入中国的历史，以致成为日本人研究建国历史的渊源。而如今看来，古代中国人确有先见之明，给列岛上的国家命名为"邪"和"狗"，正中了日本民族的特质。现今日本社会中的对华"邪性"比较炽热，这是明治以来日本社会舆情的历史延续，而日本民族的"狗性"也比较突出，且不说在封建时代对古代中国表现出"狗性"，现今对美国也充满"狗性"。当然"狗性"让日本获取诸多的益处，不仅表现在文化和精神方面，而且还表现在战略和物质利益方面，而现今这样的"狗性"称为"圆滑化"和"弹力化"，统称为灵活原则。古代中国还称呼朝鲜半岛上位于釜山附近的国家为"狗邪韩国"，可谓合二为一，正中当今韩国的本性，且"狗"且"邪"。当前韩国的对华"邪性"也很强烈，与日本相比有过之而无不及，而"狗性"也日益鲜明地呈现出来。韩国总统李明博亲日、亲美，"反华"却碰一鼻子灰，乖乖地赔礼道歉，情形想"邪"也只好做"狗"。

纵观日本和韩国，本是同根生，对华态度都呈现出又"邪"又"狗"的样态，真可谓是同胞兄弟，难怪当年日本要将韩国给殖民化。看来当今世道风气之下，儿子打老子成为有理的事情，而打老爷子更加顺理成章，看来老爷子也还要留几手，多养育几个儿子。要不然，日韩老儿真不知要将老爷子置于何地呢。可是，光多养育几个儿子还不够，还要有更多的孙子，何不肢解日本，让列岛回到战国的时代？"万世一系"的天皇制度还是毁了的好，要不又出几个明治与昭和，又叫老爷子揪心，也好让历史不再重演同室操戈的悲剧。老爷子真的明白了吗？是不是还想用老祖宗的仁义礼智信，教导这群逆子与叛孙？看来这样的办法不起任何作用，这群逆子与叛孙将其看作烂衣服，说要丢进太平洋，并已"脱亚入欧"，但还不想退还老爷子祖上传下的基业，赖在东亚而不去"入欧"。看来还是古训说得好，棍棒底下出孝子，老爷子当真舍得打出孝子与贤孙来？当然，这需要老爷子快些解放思想和转变观念。要不然的话，逆子与叛孙还不知要闯下多大的祸端。

加藤周一为日本著名的文化研究专家（2008年辞世），日本报纸特别介绍其学术生涯，曾著述《日本文化史序说》，这是日本社会中具有影响力的著述，好像还获得过奖赏，因而提升了其学术声誉。其中提出重要的文化观点，即日本文化的"杂种性"特征，这样的提法比较贴切，体现出还有日本人尚自知。多元文化融合在任何国家都存在，但在日本尤甚，这样的提炼确实也体现出日本文化的特性。比如，日本文字的"杂种性"：汉字、片假名、平假名和西文；日本历史中出现的"和魂汉才"、"和魂洋才"，以及"脱亚入欧"，各种社会、文化和历史现象也都体现出日本文化的"杂种性"特征。而现今日本文化处于全球化发展的趋势之中，比如美军驻日带来美国文化的深层影响与作用，以及其他地区比如南美巴西和秘鲁的文化影响与作用，因为上述两区域的日本人较多，文化交流的历史也较为久远。

可以想见，日本文化体现出"杂种性"特征，也就塑造出日本人的文化性格，出现诸多"杂种性"的日本人。现实日本社会也存在类似的社会行为。比如，日本马匹是大陆马种杂交和输入的改良品种。原先日本马的个头矮小，正如日本人，属小型化的品种。后来日本人发现亚洲大陆上的马种优良，个头较大、身剽体壮，奔跑起来雄健有力、疾若风鸣，遂决定引进大陆马。刚开始想进行杂交，但此后直接大规模地输入，因而现在的日本马也属于"大型化"品种，其实这是大陆马迁移列岛的结果。上述也是大陆文化迁移列岛的典型个案。现在马匹的用处远没有冷兵器时代重要，但马种的变迁却折射出文化迁移的过程，体现出日本文化与大陆文化之间的历史传承和紧密联系。现今看见赛马场上奔跑的日本马时，当思日本文化的来龙去脉，也就知晓日本文化的基本特征，以及日本社会和文化的未来取向。因此无论如何"脱亚入欧"，日本也不可能完全地超脱东亚大陆文化的深刻影响与作用，因为特定文化的类型和特色具有极为显著的历史性特征。也就是说，日本绝不能轻易地"脱亚入欧"，实现完全的西方化。在这一点上，近代日本的发展过程本身也是极为典型的个案。

文化符号：阐释与辨异

中国的皇帝素称"天子"，已历两千余年。日本的天皇称为"天孙"，明显低于中国的皇帝一个辈分，而且这是日本自己的称谓，已历时近两千年。虽然这样辈分之别的起始点已历两千年，但日本却在历史进程中逐渐地溢出这样的名分，而这样的变化起始于隋炀帝时期。炀帝举兵讨伐高丽，即朝鲜半岛，可谓倾尽财力，但最终以失利而终，由此也就引发民众的不满情绪。隋炀帝与高丽之战的失利，打破传统中国强盛而不可战胜的神话，由此造成中国在东亚的威望一落千丈。日本开始借势叛逆，并在遣使时改变"天孙"的称谓，而也以"天子"自称，即以日落之处的"天子"称中国皇帝，而以日出之处的"天子"称日本天皇，名分上出现由自称"天孙"到"天子"的改变，同时也引发日本社会文化中的名分混淆，乱伦现象日益普遍，这从日本天皇谱系就可以看出来。这样叛逆的思想与文化形成之后，对后来中日关系的发展产生巨大的影响与作用，于是日本社会文化中开始孕育"反华邪性"情绪。

近代以来中国日渐式微，日本以侵略台湾起步、甲午海战为标志，不断地扩大对华侵略，妄图吞并中国大陆，这是丰臣秀吉之后中国所面临日本侵略最大的安全危机。其实日本的"反华邪性"在漫长历史年代及其社会文化之中，早已生根和抽条，而近代以来更为充分地暴露出来。从清末以来所形成的中国人游日浪潮中也可以看出来，即与其说日本是在为中国培养近代人才，不如说日本是在利用中国人制造社会动乱，其实那时的列岛已成为中国人的反政府基地，也就成为日本培养亲日分子的基地。战后日本延续这样接收中国人游学日本的思维模式，加强对中国游学生的思想和精神影响，不断地扩大招收中国游学生，并通过提供岗位（打工和就业）收罗中国亲日分子。有的游学生则因生活所迫提供服务，比如中国自费游学生帮助日本政府和公司收集中国各领域的情报信息，日本公司也刻意地收罗父辈在中国有权势的学生，以图利用干部子女打通在中国的生意，以及强化对中国的情报信息收集。上述方面也是当前日本经常存在享有在华特权的重要原因。对中国而言，当前日本正在发动新一轮的战争，中国政府和人民对这场没有硝烟的战争应予关注与重视，并需要采取有效的应对之策，特别是要加强对中国游日学生和就业人员的管理，甚至包括其家庭成员，以防止各种情报信息的外泄，危害中华民族的整体利益，而对日本历史和现实中的各种叛逆思想、文化和行为，更加应有清醒的认识，要制定各种应对之策，从而清除近邻日本的祸患，为中华民族崛起和未来时代强盛，以及缔造和平周边，创造必要的国际条件与社会环境。

春秋战国时代或许更早，中国将国主或有身份地位的人称为"君"，比如国君、信陵君等，表明对具有身份和地位之人的尊敬。因此中国语言体系中的"君"是具有尊称的信号，也是具有特殊含义的称谓。日本从中国语言系统中借鉴了相关的成分，由此形成由汉字为主体、平假名和片假名，甚至西文相结合的语言表达系统。但在汉字的运用、表述和含义等方面，却与中国语言系统之间存在差异，有的则出现背反的现象，含义上存在的差异最为常见。中日汉字在"君"的含义上就存在较为明显的差异。日文"君"的汉字并非具有身份和地位之人才享有的特权，而是将日本人男性称为"君"。有时还会用于女姓，当然这样的情形为数相对较少。而从嗷嗷待哺的婴儿到白发苍苍的老朽，日本人男性都可以称为"君"，确实是相当平常的用词。而日本对人的敬语有"样"和"陛下"等词汇。"样"，日文中是"sama"的读法，含有尊敬的意味，而与神道教相联系，出现"神样"等表达形式，而"陛下"则专称天皇夫妇。皇族成员有称皇太子夫妇、亲王夫妇，公主年龄较小的则称"sama"。由此就表明，日本虽借用中国的汉字，但在采用的汉字含义上与中文却存在较大的区别，这就是文字传播与变异的社会现象。而上述现象的出现也与日本社会发展过程和民族特性等因素存在紧密的关联，具有相当重要的研究价值。因为其中暗含社会历史和文化等方面的发展与变化信息，比如日文"龙"字写法的时代变易，也充分地显示出中日社会所处不同的历史阶段时，日本民族和社会对中国图腾"龙"的认识态度及其发展与变化，其中蕴藏日本民族性及对华心态的变化及其发展轨迹。

自古以来中国就存在"祭礼"，主要是用以祭祀神灵和祖先，属于神灵崇拜和祖先崇拜，表达景仰和崇敬之意。而日本将神灵崇拜和祖先崇拜发展到神道教，并加以"人神化"，即将现世的天皇神化为"天照大神"，确立天皇制度，并由此构成军国主义的思想支柱，同时还将日本历史中的古圣先贤奉为神灵，而其并非道德贤达之士，而是武士弄谋之人。无论是持续尊享的世袭天皇（奉为活的神灵），还是昙花一现、正如樱花飘零的武士权贵（奉为死的神灵），都成为神道教中的崇拜对象，并发展出神社设施，以供民众参拜与纪念。而日本语言中的"祭"，则逐渐地发展成节日活动，存在快乐和庆祝的意味。这与中国语言中景仰和崇敬表现出的庄严感不同，或者说是另外的表达方式，两者之间似乎存在某种文化上的不契合感。从中国人的眼光来看，日本人借汉字"祭"似乎有点离经叛道，带有"反华邪性"，把中华文化中庄重的文化用词用于快乐和庆祝的场合，但日本人惯常做出这样的借用，而且还不止"祭"字的用法，其他借用的汉字而作另类或相反的释义大有存在，比如"手纸"，日文中是"书信"的意思，而中文中则为"如厕的用纸"。或许现在这也是中国人仿照日本借用的方法，即再次借用日本的汉字。若是这样，则当钦慕中国人的语言智慧：以其人之道，还治其人之身。

日本社会注重相关的礼节与仪式，比如学校安排"年中行事"，其中开学式、卒业式和学位式等都有相关的礼节与仪式，虽然大多存在一定的程式化，显得有些刻板和僵化，但固定程式化的安排凸显出日本学校中礼节与仪式的社会意义与作用。日本程式化的礼节与仪式存在多方面的表现形式，比如日常生活中存在诸如见面鞠躬问好、相互礼让和注重服饰正装等方面的具体表现。另外，日本人出生、结婚和去世等也都存在相关的礼节与仪式。从文化角度来讲，上述的礼节与仪式体现出日本社会中所具有特殊的社会文化形态，由此也反映出日本人的精神生活和心态，其实还是日本软实力的重要体现，应给予特殊关注与深入分析。

日本社会由各种礼节与仪式的程式化，发展到对社会各方面的多所规制，比如垃圾分类处理。日本政府存在极为明确的垃圾分类要求，并与地域居民签订契约，因而具有法律上的约束性。因此，日本存在由规制而达文化层次的社会行为制约。或许这是改善社会文化面貌的重要途径，中国社会治理应汲取日本上述的有益经验，比如解决城市居民肆意燃放烟火的社会问题，既要给予适当的"出口"，同时也应进行必要的规制，即应将疏导与规制相结合起来。从疏导方面来讲，政府可以兴建大型游乐设施，并定期开展诸如燃放烟火等大型活动，引导社会公众享受欣赏和娱乐的氛围，同时通过合理而严格的规制，制止各种违反相关规定的行为，从而解决社会治理改良中存在的传统文化和习俗问题。由此可见，由程式化的礼节与仪式，到形塑的社会文化，并进而实现社会文化的改善，这是相当复杂的社会系统工程，应采取灵活引导和严格规制相结合的方式，从而确立和完善现代社会的新文化，长此以往也就必定会形成社会文化上的软实力，这对社会和谐与健康发展具有极大的必要性，中国应吸收与借鉴日本社会中的相关有益经验。

近代以来日本"脱亚入欧"，以致现在还自认为西方国家。其实对日本民族和国家而言，追求的只是民族和国家的生存空间，以及国际利益的最大化，因此对称呼之类面子上的事情，向来不过于在意，但这并不意味着日本人不在意，而是没法在意。比如，古代中国史书中将日本称为"倭"，日本人就很记恨，近代以来中国被其称为"支那"，因而报了历史的"一剑之仇"。现在日本自认为西方国家也即如此，既在东方却称西方，就会产生自我认识错位的问题。中国本位于日本的西方，但近代以来日本人还称呼中国为"东洋"，如同中国人称呼日本为"东洋"，而自认为"西洋人"。因为这样才表明日本已"脱亚入欧"，成为西方世界中的一员。其实这样的定位失序也有些难为精明的日本人，但只要能保住生存空间和切身利益，就是倒个身，日本也自愿，只是恨由此植下。以后就需要以美国为首的西方国家注意，说不定何时日本开始让西方成为"东方"，这也并非"天方夜谭"，日本人总能想得出、说得出来，也能做得出来。日本人确实"没文化"，但又要装作有文化，大量地收藏"东方"的图籍与文物，也不管是偷、抢和骗过来的，只要在列岛上就是日本的东西，于是现今列岛倒成为了东方文化的中心，或许这就是日本自我认识错位获取的最大利益。

到 Daiso（代索）商场购买三本日文辞典，《四字熟语辞典》中最后有"和魂汉才"和"和魂洋才"的释义，饶有兴味地认真读了一下，觉得相当有意思。在释义"和魂汉才"时特别提到，"日本固有精神与中国传来学问两者之间的融合与灵活运用"，其中中国提供给日本的是"学问"。而"和魂洋才"释义："从日本固有精神与西洋学问和知识角度而言，就是以日本人固有精神逐步地忘却，西洋先进学问和技术获取，以及灵活运用。"其中对西洋提供给日本的东西界定为：一是西洋学问与知识，与"和魂汉才"相比，增加了知识因素；二是确定存在转化过程，即从对西洋学问和知识的学习，发展到对西洋学问和技术的获取，以及灵活运用。从上述释义来看，"和魂汉才"与"和魂洋才"存在两大共同点：一是学问学习；二是灵活运用。不同点在于学习和获取的内容存在差异：一是学问的内容；二是内容的广度；三是后者体现对西方国家身份的认同；四是后者强调由学习西洋学问与知识到学问与技术转变的过程。

由此可见，当代日本人对"和魂汉才"与"和魂洋才"的不同认识和理解，以及对西方国家身份的认同，特别是强调西方学问（科学）与技术的重要性，也证实了现代日本社会的"三大件"，即神道教、武士道和科学技术（道具）所具有的核心价值意义，前两者是日本社会的传统精神（其实并未忘却，只是需要西方国家身份），后者则是"道具"，即以"洋才"护卫"和魂"的有效工具，由此也可以知晓，日本社会对中国"学问"由学习到抛弃的全部过程。日本对"和魂汉才"与"和魂洋才"的释义内涵丰富，足以引起中国人的关注与反思。中国需要吸收历史的教训，真正地认识与理解日本社会、日本人和日本文化，做到"知己知彼"，方能"百战不殆"，再也不可以关门做学问，更不可以从祖宗遗产中寻找出路。若这样做的话，还是难以取得中国的社会繁荣与民族崛起。只有先认识到，才会主动地学习，这应成为中国学习和借鉴的经验，同时也是值得吸取的教训。

明治维新以来，日本逐渐走上海外侵略和殖民的发展道路，对东亚各国展开大规模的军事入侵，并大规模地掠夺其他国家和民族的文化财富，特别是劫掠大量的中华文化遗产，以致现在日本列岛上还存在数量巨大的中华文物，也就由此成为东方文化遗产宝库，其中包括古代典籍和艺术品等，有些文物在中国已失传，导致现今日本成为中国人研究古代历史和文化的重要驻足地，以及中国本土学者研究中国古代历史和文化的重要典藏地。因此，中国应充分地认识到日本文化宝藏的历史与现实价值，要充分地利用日本列岛的东方文化遗产宝库，同时还要做到前事不忘后事之师。中华文化遗产的失散是中华民族发展中的重大文化灾难，后世子孙应当铭记先辈的耻辱，中华崛起必将促使失散文物的回归，中国政府和人民应当规划中华文化的复兴，推进中华文化遗产的回归与复建，真正地成为洗涤近代奇耻和实现民族复兴的先驱，有核心、有组织和有力量地去实现民族复兴的理想，重振中华文化事业和民族精神，恢复大唐以来中华民族的光荣与梦想。

日本盛行人形文化，形状犹如儿童的玩具，主要是日本历史中比较有名的军人武士及其夫人、小姐之类。一般武士身着铠甲，女人则身着和服，体现出日本社会中的武士道精神，以及服饰文化的象征——和服。日本人形文化还延伸到饮食文化之中，日本食品中的人形烧就比较有名，可见日本人形文化存在比较广泛的社会影响。各类人形的摆放还比较讲究，其中存在比较深刻的时代与文化含义。摆放的方法：一般地取一块红布做垫料，放于楼梯形状的铁支架上，然后从上而下地摆放各类人形，上为尊，下为幼，并且还摆放一些物品，比如铠甲、刀剑、首饰和日用物件，即尽数地摆上能体现人形生活的特色物件。就武士类人形来讲，铠甲和刀剑就最为常见；若是女性类人形，和服则是必不可少的物件。

"钱汤"文化已成为日本的社会传统，历史中也经历了发展的过程。江户日本社会盛行男女混浴的文化，随后觉得有伤风化，改为男女分浴。这样的变化过程体现出日本社会和文化的发展与进步。传统日本"钱汤"中尚有搓背、洗发和按摩等"三助"服务,即"钱汤"经营者特别雇用一些人员专门为洗浴者提供服务的项目,具有专业技能的"三助"者,在日本"钱汤"中受到极大的欢迎,当然有别于当今社会流行的"三陪"。日本历史中存在一些有名的"钱汤",比如"唐破风"以及门前安置自由女神像的"钱汤"。日本"钱汤"的内部装饰大致有:墙面上涂有背景画,池浴(多正方形设置,一室之中一般设有两至三池)、淋浴、冲浴、桑拿浴,另外还有更衣室。"钱汤"中还备有洗液,以供洗发和身体所用,物品中有凳、盆,其他多为自带,比如毛巾。"钱汤"之外一般还特设有小商店,专门出售毛巾、拖鞋和梳子之类的必需品,而且往往还设有小吃店、冷饮处,以供洗浴前后的休闲之用。"钱汤"内外部的设置比较雅致,场景相当宜人,这样具有品位的"钱汤"文化存在推广的必要,关键是要办出有品位的"钱汤"也并不容易。中国可以摸索这样文化的推广度,当然要特别注重高雅的品位,如此才能更多地吸引消费者前来休闲与享受。

　　日本人捕杀鲸鱼和加拿大人与鲸鱼游戏的事例,体现出日本文化与加拿大文化之间存在巨大的差异。笔者东京游学期间,在日本电视台观看到两个节目:一是日本人在大海中捕鲸,以及美国环保组织的船只与日本捕鲸船的对峙场景;二是加拿大人与鲸鱼游戏的场景。两厢对照,发现日本和加拿大在对待鲸鱼的态度上存在巨大差异,由此延伸至对日加两国文化差异的思考。日本文化具有浓烈的暴力性特征,体现出武士道的精神。因此,日本人对自然资源充满希冀,甚至不惜以残忍杀戮为获取的手段,而且追求效益的最大化,这就是日本至今仍兴盛捕鲸的根本原因,也是日本民族性中残忍和暴力的充分体现。加拿大人则对自然的赐予格外珍爱,因而能与鲸鱼嬉戏于大海。两厢对比之后,让人感叹自然界神奇的同时,也感叹日加两国间所存在深刻的文化差异,同时不禁唏嘘日本文化的无道与野蛮。

文化冲突：历史与制度

阅读相关日本历史书籍，介绍古代日本与东亚大陆之间的关系，特别是中华文化对日本的深刻影响，其中日本境内出土多种古代铜镜，最值得进行历史学考察。日本境内出土的古代铜镜都使用中国的年号，非常符合古代日本的历史状况，毕竟当时列岛存在众多的国家，由当初百余整合成30余国家，而且一直都是中国的属国，文化上高度依赖中华文化的涵养。因此日本境内出土的古代铜镜使用中国年号，也就并不奇怪，毕竟当时列岛尚未统一，更没有自己统一和相续的年号，而当前的日本历史年号是近代以来列岛历史学者为研究上的便利，利用具有代表性的地点、事件和人物，特别是以继位天皇为序，添加而成。由于日本境内出土的古代铜镜数量较多，应当并非完全为中国的赐物，而是由列岛诸国的仿制，应该说这是人类历史中最早的"赝品"，但也可能为民间流入的文物，而且遍及九州、本州和四国等所谓日本文化的起源地。由上可见，古代日本与中国之间曾经存在极为特殊的紧密关系，以及中华文化在日本文化起源中具有极为重要的社会影响与作用。

日本在隋代开始向中国派出遣隋使，而与此同时也萌生背弃古代中国与列岛上诸国家所已形成的册封制度。隋炀帝三征高句丽失利之后，日本开始背弃中国的册封制度，并在遣使国书中明言，日出之处的"天子"致日落之处的"天子"无恙。其中天皇的身份由古代日本神话中的"天孙"传说，转变成日出之处的"天子"，其实即已否定神道教的话语基础，但却体现出日本要求与中国获得同等地位的基本意图。由此可知，隋炀帝时日本即已背弃中国传统中所形成对周边诸国实行的册封制度，也由此开启日本文化从中华文化中的分离过程，形成"大中华文化圈"中具有独特个性的新文化品种，即日本文化。而从历史角度而言，日本文化则是中华文化的重要分支，主要以古代中国的道教和易学阴阳为基础，发展出神道教文化，以及以中国古代兵学文化为基础，发展出武士道精神，再加上以近代以来西方科学技术为基础，发展出"道具"文化，即注重先进的科学技术，形成日本文化中的"三大件"，即日本文化中极富个性特色的基本要素。

日本文明是东方文明的组成部分，文化上是隶属中华文化的重要分支，即中国、日本、朝鲜和韩国同属于"大中华文化圈"（"汉字文化圈"）的范围。只是明治以来日本逐渐地形成极为强烈的背叛成分，从而成为"大中华文化圈"内的异类文化。中日之间所存在的并非文明上的冲突，而是文化上的冲突，因为从传统日本到现代日本依然保存东方文明的色彩。概括地来说，日本具有极为显著的中华文明成分，虽然日本文化存在源自印度的佛教文化，但这也经过了中华文化的改造，并经由朝鲜半岛（中介）传入列岛。因此本质上来看，日本的文明形态属于中华文明的范畴，日本文化是隶属"大中华文化圈"内的重要分支。

但由于明治以来日本采取"脱亚入欧"政策，逐步地形成背叛型的文化，为了实现"和魂洋才"的目标，以及凸显日本民族性的存在，因此采取贬低中华文化以及抬升本土文化的实用态度，形成近代背叛型的文化，即"日本型文化"。因此，近代以来的日本文化中含有大量"反华邪性"的成分，已经成为中华文化获取延续与发展中的重大障碍力量，并内显于近代以来日本所采取的文教政策，以及日本借势经济、政治和外交等领域的势力扩展，以日本文化名义大肆地向国际社会扩展势力，从而混淆国际社会对中华文化和日本文化的认识，并影响对中华文明的正确理解，以及导致对日本文化中的"反华邪性"认识不清，最终造成对中华文化具有国际性的巨大负面影响与作用。因此，在重塑现代中国新文化的同时，对日本文化的国际危害要有清醒的认识与理解，并努力清除其对中华文化的延续和发展所产生的各种负面影响与作用。

中日之间在朝鲜半岛存在恩怨与情仇，集中体现在历史中的唐代、元代和清末民国时期。唐代正值中国盛时，中国在朝鲜半岛具有绝对强大的影响力。当时朝鲜半岛存在新罗与百济，新罗隶属于唐朝，而百济与日本之间的关系较好。当时唐朝扶助新罗在白村江击败百济和日本联军，最终由新罗统一朝鲜半岛。元代成吉思汗统一中国，并水陆西进欧洲诸国，建立跨越欧亚大陆庞大的元代大帝国，朝鲜半岛也处于被征服的状态。元代两次派军进攻日本列岛，但由于存在海洋性气候特征，以及元军部署失误等原因，同时也因为列岛内部已统一并形成合力，元代伐日战略以失败告终，由此日本形成"神风"崇拜，以致二战时日本将其自杀性的航空部队定名为"神风"决死队。

清末民国时期日本实施明治维新与"脱亚入欧"，渐趋强盛，因而开始重返朝鲜半岛，并发动甲午中日战争，结果中国战败，朝鲜半岛沦为日本的殖民地。此后日本侵占中国东北和发动全面侵华战争，并采取突袭珍珠港的方式，发动太平洋战争，由此迫使美国完全参与"国际反法西斯同盟"，发动对日反击作战，最终日本战败投降，朝鲜半岛遂由殖民地状态获取独立建国，并形成目前北部朝鲜与南部韩国分治的局面。由中日两国关系的发展过程可以做出推断，中日之间的恩怨与情仇并未了结，未来的中日关系仍然不明朗，形象比喻"一盘尚未下完的棋局"是对中日关系发展所做出的客观判断。当然这盘"棋局"将更为复杂，比如出现美国的因素，因此可能尚需僵持或等候多时才能收场，这是中日关系发展所存在的基本形势。

日本选择汉字及其用词相当考究，可以说是经过多方考虑的选择。日本语言中采用的汉字多达4000余个，但有些用词的含义已出现显著的变化，而这样的变化却正反映出日本人的特性及其某种态度。比如在日文汉字中，中华图腾"龙"字存在多种怪异的写法，明显含有军国主义的色彩；日本对外国移民采用"归化"的词汇，也含有比较强烈的"日本中心"味道。可以说，这是"日本中心论"的表现形式。日本很多事物的命名与中华文化之间存在紧密的联系，而这样的联系却以"日本中心"作为标准，即体现出"日本主体"观念。

近代以来中国走向衰弱，日本更采取各种途径，劫掠中华文化财富，甚至秉持反华意识与心态，从而更加重其"反华邪性"，这是研究日本文化时需要特别关注的问题。集中表现在：其一，日本文字的改造。近代以来日本加大文字改革的力度，更多采用汉字的形式，但并非全盘照搬，而是赋予日文汉字特殊的含义，其中大量地存在对中国和中华文化的贬抑，采取"反华邪性"的态度，以及凸显日本文化的地位。其二，实施"脱亚入欧"的政策，对传统中华文化进行肆意贬斥，比如改用西方节日形式，摒弃传统中长期沿用中国农历的做法，以及现实生活中采用与中国相异的做法，比如车行靠左，刻意拉大与中华文化之间的联系。其三，凸显日本在亚洲的中心地位。在文化层面上，大肆掠夺中华文化的内容，并逐步将中华文化的重要内涵，演变成日本文化的组成部分，从而肆意分割中华文化的传统内涵，削弱传统中华文化的国际影响，"归化"词汇也充分体现出日本这样的民族心态。同时，还有天皇称谓、太阳国旗和"中国"地名，其中的含义也是在凸显"日本中心"地位，从而妄图实现"大日本"的梦想。日本将外国移民称为"归化"，明显地存在其"高高在上"的含义，体现出"日本中心"的意识，从而弱化包括中国在内的亚洲国家与地区，抬高日本的地位与影响，体现出霸权的民族心态。"归化"词汇还有可能造成外国移民的同化和叛逆母国，采用汉字的提法可能给予在日中国人以更大的负面作用，从而很大程度上会影响心灵上的归属感，造就出各种海外中国人的反政府势力，严重影响到中国社会的稳定与发展。

日本民族偏居海岛，民族性中本来就存在更多自卑的成分，但却以自大和自傲的形态呈现出来，并与神道教与武士道保持紧密的结合，从而形成近代以来的凶暴性格。当然，难以在短期内改变"日本优越论"所造成的影响与形塑的性格，并肯定将会以不同的表现形式和思想形态呈现出来。由上可见，日本军国主义的阴魂难以完全消散，包括中国在内的亚洲国家和地区，应给予必要的觉悟与警惕。

卷三

殖民情结：大陆思维与右翼逻辑

明治维新：开国与拓疆

明治之前日本幕府统治混乱，各藩主之间存在利益和空间上的激烈争夺，战争持续不断，幕末各藩之间开始协调。观看节目："幕末最后の60日"，主要介绍幕末三位著名的"倒幕"人物：小松带刀（36）、两乡隆盛（50）、大久保利通（49），在世时都年富力强。小松带刀早亡，不然的话也是明治时期的风流人物。节目还有"倒幕"各藩主所收到"天皇密敕"的细节，天皇要求采取措施对抗德川庆喜，共同开展"倒幕"运动，德川幕府的统治终结。明治初年"大政奉还"，"议事政体派"出现，天皇开始掌握权力，组织"小御所会议"，并在天皇之下设"总裁"、"议定"和"参与"等职官，各藩诸侯之间开始合盟，并发展为"列侯会议"，以致最终由天皇颁布"五个条誓文"，"广兴会议"是其中的一条，由此标志明治维新进入新的发展时期，步入资本主义发展的崭新阶段。经历"戊辰战争"、"版籍奉还"和"废藩置县"等项，天皇获取亲政的权力，并实施中央集权体制的重大改革举措。明治六年（1873）实施"征兵令"，推进侵略殖民的"大陆政策"。明治十六年（1883）日本总人口达37451727人，而新士族则达 1945638 人，占人口总数 5.2%，表明日本人口和社会经济都获取较大程度上的发展，标志着明治维新取得相当大的成效。与此同时，以"大陆政策"的形式，加速推进对东亚的侵略与殖民，国家主义和军国主义日益盛行，日本社会逐步走上穷兵黩武和殖民扩张的道路，当然最后走向了战败的路途。

明治二年（1869），日本在内政治理方面采取了如下措施：其一，明定"大臣以下约束四条"；其二，发布"穷民赈恤"政策；其三，实施"官吏减禄"举措；其四，决定"废止酷刑"；其五，制定"太政官规则"；其六，颁布"赝货处分"规范。上述规制涉及日本政府行政的诸多方面，其中"约束四条"有利于制止官员腐败与殆惰；"赈恤贫寒"有利于减缓社会矛盾；"官吏减禄"有利于推进社会公平；"废除酷刑"有利于推进司法民主；"太政官规则"制定更是体制改革的重要举措，有利于提升政府的行政效率；假冒伪劣商品和行为处分则更有利于规范市场行为，维持社会交易的公正与合理，促进日本社会的健康运行。可以想见，明治二年日本政府的行政规制推进了其近代化的发展进程，并且是构成明治维新的重要改革构件，具有非常重要的社会价值与历史意义。

翻阅《福泽谕吉全集》，其中有篇文章名为《改历辨》，记叙明治日本政府"改历"的经过：明治五年（1872）十一月，明治天皇发布"改历诏书"，废止长期沿用的中国传统农历，改而采用西方的历法，并明定从明治六年（1873）为起始，开始按西历纪年，同时节日安排也渗入西方的传统，从而深化日本社会生活的"脱亚入欧"进程。日本文化源于中国，这是历史的真实。但明治以来日本奉行"脱亚入欧"政策，历法上逐步采用西方的阳历，而放弃长期沿用的中国阴历，对过去约定俗成的舶来节日进行时历平移，比如春节转到元旦，七夕节由阴历转为阳历，当然其他节日也存在类似的变化，但日本只不过改变了上述节日的名称，隐含的历史喻意则存在相似性。如此而来，日本过节倒跑到中国阴历年节日期的前面，日本人也开始逐渐本土化起来，向世界推行所谓日本的节日，诚然不顾节日的来龙去脉，全部纳入日本文化的范畴，并向外部世界广泛地传播。经过多方的了解，日本过年在明治之后改为阳历的元旦，但具有鲜明中华文化特色的冲绳（琉球），依然过旧历（阴历）新年。由此可见，中华文化对琉球的历史影响与社会作用。琉球文化具有相对独立于日本的本土属性，只不过因美国出卖琉球，将管治权交给日本，从而造成日本占据琉球。琉球文化的独立性还反映出琉球文化和人民的独立意识。因此在适当时机，中国应扶助琉球复国，在东亚重建走向独立的琉球国家。若将来琉球能回归中国，则利于丰富与发展中华文化。

明治五年（1872），日本与清政府签订《日清修好条约》，谋求清政府承认日本领有琉球的权利。时隔两年之后，明治七年（1874），日本完成对琉球群岛的拥有，日琉之间开始邮政联系，随后日本再盯上清末中国的台湾，类似对琉球的称谓（琉球藩），称台湾为藩属地，又开始谋求对清末中国台湾的领有权利。也正值这一年，由于台风的原因，琉球人不慎漂流到台湾，并与台湾当地人产生矛盾，结果导致发生打斗事件（或为日本人阴谋作为）。日本遂以所谓"漂流民事件"为借口，不仅借以笼络附属琉球藩的人心，加速琉球占领和行政管辖的进程，而且还进一步开疆拓土，染指清末中国的台湾。随后日本擅自撕毁《日清修好条约》，出兵进攻清末中国的台湾，最终因中国军民的同仇敌忾，加上当时日军中的时疫流行，以及日本社会矛盾加剧，"西南战争"爆发在即，日本又转而谋求谈判解决纠纷，此时清末中国采取妥协的政策，"赔偿"日本50万两白银，从而种下后来大规模的侵华祸根。由此可见，麻生所言非虚，"中日友好"确为手段，"共同利益"才是目标。对日本社会和政客而言，日本利益至高无上。因此，千万不可小觑日本的阴谋与暴力，也绝不可以为所谓"中日世代和平友好"所麻痹，日本对中国政府和人民的欺蒙存在历史教训，切不可以再犯同样的错误。在这一点上，中国政府和人民一定要保持清醒的头脑，坚信日本是中国永久的祸端，唯一解决的办法就是适时地除去这一祸根，中国才能真正地保持长治久安、维护永世太平。

日本起源于九州的日向，然后向四国和本州扩张，从而形成"大和"朝廷。明治之后日本开始向北再次扩张领土。北海道当时还存在"虾夷",明治天皇派兵进攻,并设置开拓使,随后大肆地向北海道移民,进行北海道地域的开发,此即日本灭"虾夷",设置北海道政府行政的开端。占领"虾夷"之后,日本即而北进,占领千岛群岛和北部堪察加半岛,设置"桦太"开拓使,并对上述地域进行治理,同样也向上述地域展开移民。随后日本侵入的所有地方,开展地域治理之后,都惯常地采取移民方式,比如占领琉球、中国台湾地区、朝鲜半岛,以及在中国东北地区成立"伪满洲国"之后,都相应地展开大规模的移民。中国东北地区残留的遗孤问题,就是战时日本移民政策所造成的,其实都是战时日本兵或移民的后代。战争结束之后,移民中的日本孤儿留在中国,由中国养父母抚育成人。而当长大之后,这些遗孤便申请返回列岛,但遗孤回到日本之后也很艰难,日本社会存在先天性冷漠,因此只能在日本社会的底层挣扎。早稻田大学博士留学生陈君以志愿者身份,帮助日本人遗孤进行司法诉讼,为残留遗孤索求因失业原因所造成伤害之后的赔偿,提供相关的司法援助。这样的现实状况都是由明治六年(1873)以来日本所采取领土扩张和推进移民政策造成的社会后果。由上可见,有果必有因,日本社会应正视历史问题,同时也应正视现实问题,并以解决现实问题的正确态度,更好地反省历史,包括慰安妇和战争伤害赔偿问题,这也是人权问题的基本体现,日本政府和社会应着意于解决上述的现实问题,这也是对历史罪过反省的行为。因此,奉劝日本政府和日本社会,不应再将历史问题作为手段,而应在解决现实问题的基础上踏实地反省历史,从历史中吸取教训,不再重蹈历史的覆辙。

浏览《明治天皇记》,阅读明治日本吞并琉球、侵略台湾,以及"日清战争"和日俄战争等典型事件,试图发现日本人对上述事件经过的描述风格与态度,其中较多的表述让人感到历史的国别性和政治性,而日本史观则更多地体现出军事性和谋略性,这与武士道精神极为吻合。仔细查看明治七年(1874)日本对台政略之后,感到存在研究的必要,因为这是日本继侵略中国藩属琉球之后,再次直接对中国台湾的侵略,然而借口却是琉球的"漂流民",可谓一箭双雕,这才真正地体现出日本政略的本性,既讨好琉球,便利"琉球合并",同时又进一步地延伸侵略的触角,开始窥视中国的固有领土台湾。而当清末中国政府以"赔款"作为结束战争的代价时,日本觉察到清末中国政府的软弱,无奈日本国内社会矛盾日炽,"西南战争"爆发在即,于是见势接受"赔款"50万两白银,对日本来讲已是不小的数额,可以说是日本奉行对华侵略政策以来,在中国获取的"第一桶金"。于是"西南战争"之后,日本侵华的野心更为变本加厉,不能不说"第一桶金"对日本的刺激很大,即日本由此认为侵华有利可图,从而促进"大陆政策"意向的进一步形成并付实施。甲午黄海之战具有决定性的意义,然而明治七年(1874)侵略台湾则是日本侵华的开端,具有重要昭示的意义与价值。因此想为这段不平凡的时期撰史,从而达成以史为鉴与迷途知返的社会效果,好让中国政府和人民真正地认清日本社会的历史与现状,从而制定出崭新的对日战略与策略,粉碎日本的对华"邪性",从而造就伟大的中华民族,成功地改造日本文化,剔除周边的反华浪潮,从而实现"大中华"时代的梦想与现实。

明治十一年(1878),日本天皇颁布《军人训诫》,确立"忠实、勇敢、服从"的基本军纪原则,这是明治日本加强军人素质建设的重要步骤,也是其走向东亚侵略和殖民的重要环节。现今日本人仍崇拜明治天皇,单设明治神宫。曾经前往明治神宫参观,内有各种祭奠的设施,并有模仿明治天皇出行时的着装表演。明治神宫是东京都重要的游览地,到达有轨电车明治神宫站之后,经过神宫桥,就来到大门前,其实也并非高大的宫门,只是进出口。宫内大树参天、粗壮高拔,路基多为石子铺就,两旁或有标志,或有明治时期常见的红色灯笼,灯笼上是明治时期的原始广告。到神宫院内,前行便到神水处,大有沐浴更衣的意思,只不过这儿只供游人洗手,以表圣洁的喻意。院内四周大多为古典建筑,具有中华风格与神韵,中间是广场,游人不算多,相当有秩序感。明治出行模仿秀的一招一式,大有中国皇帝出行时的微缩景观,但具有日本技"能"的呆板和肃穆,虽有庄严之气，但无宏大之慨，只叹日本"小气"，毕竟位于列岛之上。

日本人绵延生息千余年，虽内战频仍，但大致未遭重大的浩劫，因此文化遗存尚多，文物保护也做得不错，不管是物质文化遗产还是精神文化遗存，日本社会都大力加以维护和保存。除了明治神宫这类物质遗产，日本对非物质的精神文化遗存也刻意地保护，年历中多"年中行事"，内多为日本社会的传统文化和民俗活动，虽大多具有唐代中国遗存的显著特征，但也有模有样、比较细致地表达出古代日本人的社会生活和风俗习性，而这种明治出行模仿秀也正是其社会中保有非物质精神文化遗存的组成部分。在日本近代历史发展中，明治天皇应大书特书，而《军人训诫》也正是其整顿武备、蓄谋武力和征伐周边的预备宣言，其历史影响也奠基于此，以致日本军人秉持忠诚天皇、勇敢作战和绝对服从的精神气质，战斗在外的日本军人还时常面对日本皇宫进行所谓的遥拜，而二战时的"神风队"更成为其社会中宣扬英勇战斗的典范。二战结束之后，日本军人还以服从命令为借口，推卸军人战时侵害的责任。上述都与《军人训诫》存在紧密的关联，也体现出《军人训诫》对日本社会和军队所存在深刻和长远的影响与作用。

清末中国政府对日本侵略台湾的妥协与赔款，酿就日本全面侵华的祸端。日本在侵占虾夷（北海道）、桦太（库页岛）和琉球（冲绳）之后，再次将目标投向清末中国的台湾，而琉球渔民漂流台湾并引发冲突，也只不过为日本寻到"合适"的借口，对日本而言可谓一箭双雕，既增强琉球人对日本的归属意识，彰显日本的力量，同时还达到染指中国台湾的险恶目的。无奈天时、地利、人和不备，进攻台湾时日军遭遇清末中国军民的英勇抗战，同时在台期间又不适应气候、疾病流行，因而死伤殆重，难以继续地推进对台侵略战争。而日本国内的社会矛盾也日益凸显，"西南战争"一触即发，日本政府已难以为继。台湾侵略的失利是日军必然的结局，但此时清末中国政府在天时、地利、人和等有利条件下采取妥协性政策，应承对日赔款各项共达50万两白银，对日本而言这是天上掉下的大馅饼，竟自偷乐一把。

于是更为趋于利益，进一步地增强侵华的打算与信念。因此"西南战争"结束之后，日本再次将侵略矛头指向中国，已完全不顾墨迹未干的《日清修好条约》。此后发动甲午中日战争，后来侵占中国东北以及发动全面侵华战争，乃至成为劫掠中华最为厉害的国家。翻开历史的黄页，清末中国对日本的侵略台湾采取妥协与赔款，竟然是此后日本全面侵华的祸端，不禁令人唏嘘感叹、泪湿汗青。

19世纪40年代前后，日本也面临西方国家的势力侵入，先后签订丧权辱国条约，有损于日本的国家主权与民族利益。在这样的情势下，日本国内存在"攘夷"和"开国"的争论，最终吸取中国强硬对抗做法的教训，开展文明开化和主动开国的政治决策，这种方式避免了西方国家的军事入侵，但还是以签订不平等条约为代价。这就是日本摒弃"无谋无能"的直接对抗，对西方国家的势力侵入采取灵活和弹性策略的开端。明治维新之后，日本不仅内修政治，而且还采取西方国家相似的侵略和殖民扩张政策，开始对周边国家采取军事行动，可以说是远交近攻的政治、外交和军事策略。首先在西方国家中选择最为强大的英国作为盟友，实现"英日同盟"。与此同时，对朝鲜半岛以及中国在内的周边国家和地区，比如虾夷（北海道）、桦太（库页岛）和琉球（冲绳）等地域，展开系列的侵占和兼并，并实施收复国家主权的行动。由于日本国内尚处弱小状态，明治初期日本便派出势力庞大的出洋使节团，专程前往西方殖民国家商议"修约"的事情，此即著名的"岩仓使节团"，但并未成功，表明当时日本"修约"要求并未获取西方殖民国家的认同。随着在周边军事上的胜利，特别是明治二十七年（1894）甲午中日战争之后，"小日本"战胜"大满清"，显明的对照促使西方殖民国家认识到日本综合势力的渐涨。同时随着英日同盟的结成，英日"修约"要求首先获取满足。随后其他西方殖民国家也相继与日本展开"修约"谈判，最终完成与西方殖民国家"修约"的事情。

西方殖民国家的让步更助长日本在周边地域，特别是在处理与中国和帝俄等国家之间纠纷中的嚣张气焰。明治三十七年（1904），日俄战争爆发，两国在中国东北地区以及附近海域展开厮杀，最终以日本胜利结束，标志着日本在东亚确立强国地位，为之后开展大规模的侵华战争，以及发动和扩大太平洋战争，获取了自信、资源和后备支援，同时也进一步地助长了日本对殖民地国家和地区的经济掠夺、文化移植和军事威慑等侵略行径，并发动更大规模和强度的侵华战争，进一步地推进"大陆政策"。但若从日本走向强大、获取"修约"成功的开端而言，甲午中日战争的胜利是日本与西方殖民国家"修约"成功的重要因素，并以此为始点，通过更大程度上地推进"大陆政策"，展开侵略与殖民，最终达到日本国家发展的顶峰状态。但日本依然保持或不断助长这样的国民心态，最终导致其在二战中的败北，沦为美军进驻和附属的现代半殖民地国家，而朝鲜战争的爆发又促使日本成为世界第二经济大国，但在军事和政治上依然呈现为"跛脚"状态，从而形塑出现代日本在国际社会的特殊地位与形象。

明治维新之后，日本随同西方列强奉行侵略和殖民政策，称为"大陆政策"。主要体现在：其一，合并"北海道开拓使"和"桦太开拓使"。明治四年（1817）正式将两大区域合并，纳入管辖范围，此即现今北海道（虾夷）和堪察加半岛（库页岛，日称桦太、千岛群岛）。其二，实现合并琉球。先是设立"琉球开拓使"，此后改琉球藩以及冲绳县，正式纳入行政版图。琉球最后国王尚泰被封侯爵，其子孙也获封爵，但以琉球亡国为代价。其三，借琉球"漂流民事件"侵略清末中国的台湾。沈保桢率军护台，日本也因国内政局不稳，"西南战争"在即，同时在台期间遭遇抗击及流行病疫，死伤惨重，只好与清末中国政府谈判。然而清末中国政府并未认清形势，答应赔款50万两白银，日本对华侥幸掘得"第一桶金"，从而激起进一步侵华的野心，此即明治七年（1874）的事件。其四，甲午中日战争和日俄战争的胜利确立明治日本在东亚的霸主地位，达到日本历史上最为强盛的时期，此即所谓"十五年战争"。最终发展到对朝鲜半岛的殖民统治和中国东北地区的"伪满洲国"成立，以及后来昭和时期的对华全面战争和太平洋战争，最后在昭和二十年（1945）宣告败北。

综观日本疆土开拓的策略，大致表现在如下方面：其一，设置开拓使，比如设置"北海道开拓使"、"桦太开拓使"、"琉球开拓使"和"台湾开拓使"等。其二，大肆向开拓地域移民，推进日本语教育，为合并领土做好准备。其三，推进"开拓使"合并，并逐步融入日本社会。其四，由开拓到合并，然后设置正式行政区域。比如，北海道和冲绳县都由开拓地域划入正式行政区域，完成融入日本的过程，显著的特色就是循序渐进，可谓用计深远。

殖民情结：历史与现实

日本具有极为浓重的大陆情结，但却以"反华邪性"的形式表达出来，集中体现在以日本文字为主要标志的文化领域。当然还有其他的表现形式，比如本州设有以"中国"命名的地区，而毗邻中国的岛屿称为"与那国岛"，甚至在钓鱼岛命名上也表现出来，称为"尖阁列岛"。上述还只是表象，若深入日本的社会与历史，就更为深刻地体现出这一点，比如日本的"大陆意识"。日本偏居太平洋的西部，位于东亚大陆的边缘，其民族内心深处存在极为浓烈的"大陆意识"，而这样的意识却以"反华邪性"的方式表达出来。近些年来，日本对华政策充分地表明了这一点，不仅想维护其在东亚的地位，同时还加强与中国之间的关系，但却不时地表现出"反华邪性"，这既存在现时的利益追求，同时也体现出其对东亚大陆的意识体认。

日本对二战的认识可以说并不深刻，并且依然存在侵吞中国东北的强烈意识，现在还有好多日本人仍然惦记中国东北的"伪满"时代，甚至将大连视为其历史记忆的念想之城，而当时兴建的铁路更被视为日本企业登陆的光荣历史，在中国东北的"满铁"和殖民历史更成为日本人追寻历史难以忘怀的记忆。日本的"大陆情结"还体现在其他的方面，比如日本地图经常将中国大陆、中国台湾和日本列岛弄成同样的颜色，这里也不能视为颜色类别的简单选择，而很大程度上体现出其"大陆情结"。在丰臣秀吉时代,日本还曾做过定都北京的梦想。同时,这样沉浸于历史与现实的"大陆情结"还体现在日本社会的风俗和祭礼之中。由此看来,中国的终极目标应将日本列岛纳入"大中华",否则恶邻在侧,将会贻害无穷。

在东京学艺大学上日语课本第十课,讲到韩国和中国台北旅行的事情。但日文课本中却将韩国和台湾并列,毕竟在日语中只应国家与国家、地区与地区并列,"错误"的存在明显体现出日本借此向国际游学生宣扬"两个中国"和"一中一台",体现出日本在国际社会中的阴险狡诈与故意作为。中国一贯善待日本,放弃日本发动侵华战争的国家赔款,措词还惯常使用日本人民无罪责、中日世代和平友好等。其实从文化和现实上讲,日本的对华态度相当不友好,甚至在国际社会中大肆宣扬"中国威胁论"、"繁荣与自由之弧论"、"一中一台论"和"两个中国论"等,并怀有极为深厚的台湾"殖民情结",以及对钓鱼岛及其附属岛屿更是垂涎三尺,中国人对此应有清醒的认识。因此极不赞成在拍摄抗日影片时使用日本人演员,把极为严肃的话题演成喜剧,这不仅不利于对中日关系的战略思考,而且也不利于对中国人民的思想影响,反而感到存在极为严重的愚民倾向。在现实国际社会中,日本的作为显然表现出对华的阴险与狡诈,然而从文化到现实政治上,中国的作为又表现得相当肤浅与搞笑。

日本占领中国东北之后,迫于世界舆论和其他国家的压力,将溥仪接到辽宁沈阳,成立"伪满洲国",借以政治利用和控制,同时开始谋划吞并,从而妄图实现吞并琉球和朝鲜半岛之后的再次领土扩张。日本当初的基本设想:其一,借用清宣统帝溥仪成立"伪满洲国",作为拓开世界局势和舆情的过渡策略。其二,利用溥仪的弟弟溥杰前往日本留学,陪嫁侯爵女浩,从而形成与清末中国皇族的联姻。其三,废除或迫使溥仪让位,将溥杰与浩之子送上"伪满"皇位,完成血缘的转换,造就日本血统的"伪满"帝王。其四,最终实现对中国东北的吞并。在社会推进方面,集中体现在:其一,大肆地向中国东北移民。其二,加强中国东北道路建设,特别是铁路建设,此即"满铁"的发展。其三，加大对中国东北矿产和粮食等资源的掠夺。其四，推进中国东北的日语教育，实施殖民地的奴化教育。其五，加大中国东北学生前往日本接受教育的力度，增强皇民化的意识。

但历史并未像日本政客谋划的那样发展，而逐渐地走向有利于中国东北解放的道路：其一，张作霖遭日军袭击致死之后，其子张学良"改旗易帜"，接受蒋介石政权的安排，实现名义上中国的统一。其二，溥杰与浩结合之后，只生下两个女儿，并未生下儿子。其三，日本推进太平洋战争，导致对抗日本殖民扩张纳入世界反法西斯体系，日本难免遭受覆亡的结局。中国在解放战争初期，共产党军队发动辽沈战役，彻底解放中国东北，并成为共产党军队的稳固后方，以及实施平津战役和淮海战役、推进中国大陆解放的力量之源和坚固基地。到二战后期，苏联红军进击盘踞在中国东北的日本关东军，并俘虏前清（所谓"伪满"）皇帝溥仪。在20世纪50年代，末代皇帝溥仪及其弟溥杰获特赦，此时溥杰两女儿尚在东京，结果大女儿被人杀害，而日本则编造凄婉的爱情故事。由上可知，日本对中国东北的阴谋最终完全地破灭。

目前呈现为如下境况：其一，日本需要清除中国大陆特别是东北大量残存的细菌武器，但目前为止处理的力度和进展并非很大，需要加以严词督促。其二，日本需要解决遗留中国东北的战时孤儿问题，目前也应加速推进，以及增强力度和保障。其三，中国政府在放弃国家赔偿的情况下，需要追还因日本侵华所造成中国民间的财产损失与人身伤害赔偿。上述三点体现出对日本侵华阴谋的清算还在持续，这是需要慎重沉思的"棋局"。另外需要特别阐明，侯爵女浩为日本皇亲侯爵嵯峨实胜女。据日本提供的历史资料显示，溥杰大女儿慧生为大久保武道所杀，揭示的原因系情杀，即先杀死慧生，然后开枪自杀。观看日本电视台节目：天城山事件，详细记述了其中的经过，但这样的节目难以坚持事实，其实慧生之死应源于谋杀。这样的事情已存在多例，比如清末张之洞子就是在日本游学时"坠马"而死，而现代《国歌》创作者冼星海就是在日本泳池中"无故溺亡"。

日本电视台播放《男装の丽人》，明知这部影片是站在日本的立场，描述中国历史中带有负面影响和末代皇族女性的人生历程，但还是想看看日本人是如何通过艺术的形式，刻画特殊历史时期的特定人物。影片以爱新觉罗家族的生活片段为开端，首先讲述溥仪与川岛芳子儿时的游戏场景，带有一定戏剧场景的设计，然后将孩童置于中国社会的大背景，特别是日本侵华和"伪满洲国"建立的历史过程之中，其中描述川岛浪速（芳子养父）将清末中国肃亲王女儿抚养长大并关系亲密。在清末王朝日趋没落之际，肃亲王为何将只有几岁大的女儿交给这位日本浪人，应有对人失察的嫌疑。而川岛浪速在日本应还有点社会身份与地位，至少有点名衔。影片中刻画川岛芳子被强奸之后，依然想借重川岛浪速的势力，在中国扶助"伪满"建国。但在国际局势突变的历史时期，特别是日本发动太平洋战争，苏军进入中国东北之后，"伪满"建国的理想也随之烟灭于历史风云之中。

影片中溥仪显得软弱无能、玩物丧志，刻意强化溥仪玩蟋蟀的情节，而川岛芳子则被刻画成承担扶助"伪满"建国的功臣，虽然并未获取溥仪的信任，比如展示川岛芳子将首饰细软变成金钱，送给溥仪促其出逃的情节，自己则为中华民国军队（国民党军队）拘捕，而在监牢中的川岛芳子求救于川岛浪速的细节之中，刻画了川岛浪速的努力与失败。因为多次在证明材料（顶替"廉子"）出现显见的问题，比如年龄、姓名，可知川岛浪速此时已无意拯救养女，源于川岛芳子在被其强奸之后的反应以及此后的男装，有失川岛浪速的"尊严"，而处于"落难"中的川岛芳子，也知道自己没有了拯救的希望，最后以"匡扶社稷"的烈女形象接受命运的安排，即以汉奸罪叛决死刑执行。而影片中的日本导演还加入另一个日本女性：李香兰，同样历史背景中两个具有相同性质的女性，日本国籍身份最终让李香兰逃脱惩罚，而没有日本国籍身份的川岛芳子，则只能接受被处决的命运，这样的情节安排才是日本导演的最终目的，也是日本挖掘川岛芳子这个历史人物，并搬上银幕的根本目的所在，即现实的目的与日本的立场。

从文化角度来看，日本文化将会对中华文化存在长远的冲击，这样的冲击具有现实性特征，即和平年代的文化侵略。目前不仅日本地名存在某些与中国相关层面上的对应暗示，而且日本社会存在文化侵略的现实环境与氛围。比如，在东京学艺大学图书馆见到资料《满铁会报》，载有原"伪满"铁路100周年会议，其中刊载原来"总裁"及社会相关组织核心成员的发言，以及以中国东北地方命名的各种组织，甚至学校的名称。上述的作为表明，日本社会对日俄战争以来的中国东北控制依然心存旧念，一旦时机成熟，便会卷土重来。日本社会存在这样的资料，说明其存在较为长期的文化侵略意图，即存在这样的资料（其后是相关组织），表明日本对中国的文化侵略思想、意识与政策，在这一点上必须认识清楚。其实，日本这样对华文化侵略的意识和行为还表现在多方面，比如支持举办《大纪元时报》等报纸，以及其他"右翼"的反华杂志；教科书中存在视台湾为国家的倾向；科研和文教中体现出对中国崛起的刻意担忧、无忌攻击和恶论阐发；破坏中国周边的国际环境和利益；离间中华民族的人心，以及采取留学形式招募中国青壮年来日充当廉价和低端的劳动力；降低学业水平、滥发文凭，对中国学位秩序形成较为强烈的冲击，以及造就和涵育中国人反政府势力，破坏中国社会的祥和、稳定与团结。基于存在上述问题（当然问题还有很多），提出"两大"应对的策略构想，即"后羿计划"与"嫦娥计划"。

中日比较：认识与解读

对中日和中西文化的特性，陈君曾经做过非常恰切的譬喻。从神保町回程时，在仙川站的咖啡厅小憩，与陈君谈及中西文化的特性。他认为，中国文化性温，西方文化性急。前者譬如中药，宜治慢性病，有益于病人逐渐康复，治本疗效好；而西药宜治急性病，但难以治本，治病时宜中西药并用。因此中西文化应会通，互相借鉴优势。

随后又谈及中西社会，陈君又打一譬喻：西方人进入瓷器店，先是争抢各种瓷器，发现瓷器大多被打碎，谁也没有获取好处，随后就有人制定规则，每人都有份儿，这就是西方人的规则与秩序，即西方民主机制；而中国人则注重由领导者出面制定规则，并以权力维持秩序，由此产生中方专制与西方民主之间的区分，而中国专制的结果必然会出现腐败和不公正问题，从而导致社会和分配的不公平。听过之后，深以为然。

网站视频见到，在中日战争时期，日军即将进攻中华民国首都南京，中国政府军队也加强了南京防卫。与此同时，日本开始撤退侨民，中国政府专门派出人员，护送日本侨民离开南京。而当日军飞机轰炸南京时，日本侨民还发出震耳欲聋的欢呼。美国的做法正好相反：珍珠港遭到日军偷袭之后，美国政府迅速采取措施，隔离并扣留日本侨民，直到美日战事接近尾声，日本败局已定，日本侨民才获取人身自由。两种做法形成极为鲜明的对照，似乎存在一定的思考空间。一旦中日再次发生战争，中国又将如何处置大量在华的日本侨民，需要提前做好处置规划。显然，中国战时护卫日裔侨民出南京城的举措，可谓存在重大战略失误，应仿效美国将日裔侨民扣为人质，即二战时美国的做法值得参考。

世界上有些东西难分曲直，比如本质上日本是专制国家，集权为实质特征。在精神和思想上，日本依然受到神道教指导下天皇制度的深刻影响，内阁上任之前要有天皇的批准。虽看似只是例行的程序，却是天皇制度所确定的，体现出集权和专制的本质。然而日本却自称民主国家，美国还承认日本为民主国家，世界上大多国家也不否认。由上可知，话语权相当重要。以前曾说日本人没指望、没盼头，中国人有指望、有盼头，此话确为事实。但从另一层面上来讲，日本人安心仕事，中国人则争名逐利，其中的原因存在多方面，但具有两个根本性的原因：其一，中国人缺乏统一精神和文化信仰，凝聚力存在一些问题，因此需要进一步加强思想统一，祖先崇拜为其中的一方面，比如举办黄帝陵祭祀典礼，而建立民族英雄天堂（比如忠烈祠）则是另一方面。其二，中国社会制度在人为制造社会地位、阶层、工资、福利和户籍等方面的不平等因素，无形中催化社会趋于争名逐利。有句俗话讲，中国人职员想当处长，处长想当司长，司长想当部长，部长还想当中央委员、总理和主席，可谓有指望、有盼头，在这一点上绝对没错，但安心做事者少，不择手段的求官者多，于是争名逐利日盛一日，以致成为无法阻止的社会潮流。现时中国社会绝对比日本民主，但日本不承认，美国老批评，国际社会中也有彷徨者，以致中国成为"不民主"的国家。存在这样事实颠倒的国际现象，根源在于中国没有掌握话语权。国际社会中的话语权要有实力作为后盾，同时也是要争取的，甚至要强夺豪取和不择手段地拿来。因此，中国要有点准备，必须要拥有话语权，否则如何奢谈崛起、梦想富强。由上可知，国际社会的本质特性其实就是实力与强权。

文明中心为历史文化的综合反映，中国当之无愧地成为东方文明的中心。但文化则体现为一定时期文化和艺术诸多方面的时代反映。从现阶段状况来看，日本则成为东方文化的中心，突出地表现为日本社会中所存在的各种文化硬件设施和软件设施，以及文化研究成就等方面，比如图书馆、文化馆和艺术馆等属于硬件设施，文化信息、传播和推广等属于软件设施，而文化、传统和艺术等方面研究成果的总集成，则表现出在文化软硬设施基础上所呈现出的文化地位，而目前日本在上述方面占有较大的比较优势，因此当前日本是东方文化的中心。也就是说，目前东方文明的中心在中国，东方文化的中心则已移至日本。此种断言可能会遭到中国政府和民众的反对，但这却符合现实性的真实判断，而不考虑日本文化（比如文物和典籍等）的来源问题，即历史中日本对中国文化的掠夺和摧残，以及现实日本对中国文化的扭曲宣传与肆意盗用。

日本文化与中华文化之间存在极为显著的差异，重点可以归结为如下方面：

其一，日本文化的统合力较强，而中华文化的统御力较强。日本文化存在善于学习和吸收其他文化的优点，比如日本文字融合了汉文、韩文和西文等，以及日本人所创造的片假名和平假名，甚至直接借用中国的汉字。从现时代来讲，日本体育界比较崇尚相扑运动，而当今在日本相扑界闻名的则是来自蒙古的相扑运动员，比如朝青龙等；而中国文化善于融合其他文化，甚至将其他文化进行同化，从而成为中华文化的组成部分，这样基本上将其他文化的独立成分湮灭掉。比如，蒙古人入主中原建立元朝，以及满族后金入山海关建立清朝之后，都顺从了中华文化，作为统治阶层的蒙古族和满族的文化逐渐地湮灭于中华文化之中，独立性逐渐地降低。

其二，日本文化具有现实性和实用性的倾向，而中华文化则具有历史性和理想性的倾向。日本文化的现实性和实用性倾向不仅体现于其社会习俗和文化之中，也存在于其文化和精神支柱，即神道教和武士道之中。这两种教义为大和民族的精神支柱，基本内核就是"人神化"的特征，这非常具有现实性和实用性的特征，从而导致日本社会中的军国主义思想和"右翼"势力猖獗。中华文化的主体是儒家文化，呈现在现实社会中就是儒家思想比较活跃，而儒家文化是中国社会文化的组成部分，并以儒家道德即"人间道德"的理想追求为主要目标，"人间道德"基础在于修身，因此中华文化具有强烈历史性和理想性的特征。

其三，日本文化具有杂种性的特征，而中华文化具有保守性的特征。上述两点对此均有提及，比如日本文字，同时也不止上述方面。日本社会从生活日常行止到社会制度都是来自于其他国家，比如古代日本借鉴中国的社会制度，从文字、服饰和习俗等方面全面吸收，现代日本借鉴美欧等诸国家，奉行"脱亚入欧"政策，吸收西方资本主义制度，又摒弃很多以前学习中华文化的部分，当然在社会生活中也还保存传统中华文化的成分。近些年来，中国社会和经济等各方面都发展得较快，并对文化发展提出迫切的要求。此时儒家思想再次回潮，各种儒学会议借道而来，甚至内部与外部相结合，研讨儒学的现代价值和古典意涵，在文化和历史中求生活，呈现出保守性的特征，而忽视现代中国新文化的生成与发展，不去搜集、整理和研究当前社会现实中所呈现出的新文化因素与萌芽，而是从祖宗只言片语中寻求现代中国社会的发展出路。

其四，日本文化具有发展的动力，善于创造和引入新文化；而中华文化则呈现出僵化的固力，试图维持旧有的传统文化。日本社会和文化机构发达，各种区域性的文化组织承担社会文化实物收藏、整理和研究的任务，甚至包括开展社会文化教育和传播宣传职责，文化保存与生成机制已经相当成熟和完善。同时日本企业遍及世界，新闻媒体走向世界各地，对世界各地的文化也广泛地关注，表现出比较活跃地引入外部事物和文化因素的活力，因此形成内外部文化的统合力量，体现出日本文化的发展动力，以及善于创造和引进新文化的特质。而中华文化则习惯于对传统文化的释义和诠释，借以发展新文化，因此发展动力呈现出严重不足，而且前景相当模糊。现实中国社会呈现出考古的热潮，关注对各种古代文物的收藏、保存、整理和研究，而不注重新文化的创造和引进，对现实社会中具有文化因素的实物和遗迹等，不特意地加以收集、保存、整理和研究，同时也缺乏相关硬件建筑和平台，比如各种文化馆舍，因而对新文化采取任其流失的态度。从祖先那里讨文化和要生活，终究落入维护旧有文化的窠臼，难以构建新文化的生成机制，由此严重地束缚了现代新文化的健康成长。这已成为现代新文化发展的重大障碍，必须引起足够的关注，以及进行深刻的检讨，查明原因并寻找应对的策略，从而构建现代新文化的生成机制，进一步地促进其发展与繁荣。

中日虽然都属于东亚的国家，日本文化属于中华文化周边的范畴，但中日历史观却存在极为显著的区别：其一，中国史以政治史为线索，而日本史则以军事史为线索。其二，中国史以探讨御民为特征，日本史则以探讨御人为特征。其三，中国史以儒家为文化的核心，日本史则以神道为文化的核心。其四，中国史注重文德治世，日本史注重尚武拓边。其五，中国史强调从道理念，日本史强调服君理念。其六，中国史强调仁义，日本史强调耻感。认清中日历史观的差异，有助于理解中日两国社会现状和历史的区别，真正理解日本文化实质和精神内涵，这对分析日本社会的历史现状和未来发展具有重要的价值与意义。

在近代时期，"一盘散沙"经常被用来形容中国的人心，其实这集中体现出中国历史文化的基本特性，即松散性，注重个体精神世界和道德修养，而不注重整体利益和社会效益，主要是通过个体影响或感化社会，而不是直接采取手段科学地改造社会，因而也就对科学技术表现出超然的漠视态度。从历史文化角度来讲，除了松散的民心之外，还表现为虚华和谦卑，缺乏真正的历史文化自信，因而近代产生社会巨变之时，难以迅速转变社会思维模式，以及接受西方传入的先进科技文明，而是顽固守持传统"中学"，以及只是在不违背传统的基础上学习西方科技文明，即"中体西用"，结果难见成效。

日本历史文化的特性则表现为组织性或严谨性，神道教造成日本境内神社林立，武士道在注重个体作用的同时，又注重组织，形成严格的武士教规，等级鲜明，具有非常明显的军事属性，因而近代出现西方入侵时，地方藩主能组织武士集团进行英勇的抵抗。同时由于日本历史文化中的军事特色明显，阴谋（或谋略）性的外像表现为灵活性，因而迅速感受到中国鸦片战争的前鉴，遂采取比较灵活和妥协的策略，从而出现培里舰队进驻列岛并签约。而与此同时日本社会深感民族危机，明治维新蓬勃启动，以"脱亚入欧"政策相号召，奉行"和魂洋才"理念，但这样提法的含义都与中国"中体西用"存在本质上的区别，注意培养掌握西方制器的专门人才，从而有效地护卫了日本的传统，也就维护了日本国家和民族的利益。

明治维新的历史过程充分地体现出日本历史文化中灵活性与组织性（或严谨性）的结合：灵活性在于迅速地以攻为守，制定"大陆政策"，开展东亚侵略与殖民；组织性则在于结束"西南战争"，派遣"岩仓使节团"，加速构筑东亚"利益线"，推进资本主义改革，最终由学习和羡慕中国，转变成鄙视和进攻中国，并成为近代中国最大的施害者，内在的原因就在于中日历史文化特性存在较为显著的差异。

日本文化为耻感文化的类型。但从另外角度而言，日本文化更是

"小人"文化，而少"君子"之风。日本文化塑造大和民族的"小人"性格，造就众多"小人"的群体和组织。美国学者鲁思·本尼迪克特在《菊与刀》中将日本文化归结为耻感文化，是对日本文化特性的某种衍义，实质上日本文化是"恶质"文化。东方传统文化将人性分为善与恶，中国大陆文化发展了"善"的部分，形成以儒家文化为主导的"善质"文化形态，而日本列岛则正好相反，发展了"恶"的部分，从而形成以神道教与武士道相结合的"恶质"文化形态。而一旦"恶质"释放出来，必将对别人或自身造成侵害，因而又出现内心的耻感。鲁思·本尼迪克特正是看到日本人性中的这一面，即在侵害别人或日本反遭侵害之后，日本文化中所出现这样的"耻感"属性，并归纳为耻感文化，而实质上则是日本文化的"恶质"特性。因此，日本文化为"恶质"文化，也可以称为"罪感"文化。正是由于存在日本文化的"恶质"特性，日本国民性体现出"小人"气质，狭隘民族主义表现得相当普遍。凡事从自身利益考虑，甚至不分善与恶、正义与非正义，利于日本的都值得去做，而这样的思维架构又是以神道教和武士道为文化基础，表现为忠君与服从的特征，因而日本的战争行为都相当残暴。

在与日本人交流过程中，还可以感受到存在相当严重的狭隘性，甚至可以用"睚眦必报"来形容。因此，中国游学生在日本的大学中若有违于指导教授或管理者意愿的话，下场就会相当惨。会馆经常有进出10年未毕业的东京大学中国人博士生，有单君来日后一年多的彷徨，也有冯君因为想做日本课题的论文选择，因而被指导教授责令以日文形式来完成，全然不顾她只在中国学了10个月的日语，而其他游学生则可以用英文形式来完成。日本大学教授更希望中国游学生选择中国课题论文，因为可以借以更为深入地了解和认识中国，获取相关的情报信息，而研究日本则明显地不受欢迎，甚至有的会受到打击，但打击方式的选择有硬有软。由上可见，日本文化存在狭隘心态、"恶质"本性和"小人"风骨。在这样的文化氛围中，难以形成真正意义上的"君子"之风，难以寻到应有的"善质"。当日本人做出让人还较欣叹的举动时，或表面和技法，或背后隐藏较为深层的阴谋和利益，而文化"恶质"都难以改变，这已成为日本文化的显著特征。

若日本选择做永久的"小人"，中国还要做"君子"？！古代中国思想家常提君子和小人之间的区别，日本接受传统的中华文化，当然也会借用中华文化的传统思维，于是日本男子都成为了"君"，比如福田君和麻生君之类，虽则中国还是"小诸侯国王"的称谓。由此说来，好像日本已提前进入"大同世界"。但上述只是表面的现象，正如现在日本男子都西装革履，夜幕降临时照样如鲫似的穿梭于"红灯区"和"钟点房"，只保持在表象，应该说是表里异样。因此可以说，日本人选择做永久的"小人"，这是日本文化的特性，即由神道教和武士道所交织形成、具有"人神化"特征的日本型文化所决定的，更多地表现为对英雄主义的信奉，以致可以采取阴谋和暴力手段达成目标。但作为国际社会的成员，日本为其民族的生存与发展，表面上呈现出各种"人性"，而背后则是不择手段地达成其自身利益和目标，比如追寻英雄的实现，而采取"人神化"的途径。由此看来，若中国人还要做"君子"，岂不主动做"小人"的果腹之物。故而对付"小人"的办法，只能是"以其人之道，还治其人之身"。由此看来，中国也应做一回"小人"，至少在对待日本"小人"的问题上，因为日本最终是中国的祸患，这是由日本文化气质中的"反华邪性"所决定的必然结果。

从历史与现实角度来看，中国是行政权力色彩浓厚的国家。传统中国实行中央集权制度，无论是汉族政权还是少数民族政权，皆采取这样的制度模式，形成长期存在中央集权模式的特色。因此中国社会制度难以脱离开中国历史传统中的集权制类型。但随着现代社会的发展，分权化和民主化成为国家和社会发展中的基本潮流，中国社会中的集权制模式也逐渐地具有朝向分权化和民主化发展的特征，比如民族区域自治制度和农村村民自治制度，以及村干部居民直选。民族区域自治和基层直选表明，中国社会基层正在孕育分权化和民主化的因素，但这样因素的发展还相当缓慢，各种代表基层群体利益的组织难以孕育，因为中国社会基层推进分权化和民主化的环境尚存在较大的问题，比如新闻媒体、报纸杂志和图文出版，以及上级集权传统等因素，仍制约这样的趋向获取进一步的发展和深化，因此也就存在随时"熄火"的可能性。但既然已经产生，必将会推进其存在与发展的可能，从而进一步地完善集权制的形态，弥补存在的诸多不足，因此对中国社会制度朝向自治、分权和民主的发展存在益处，也是对传统集权模式的有益补充。

中国集权模式是适合基本国情、具有生命力和发展前景的制度模式，但推进自治、分权和民主则是发展这种制度模式所需要的因素，也必将会推进这种制度模式的完善。中国传统所形成集权模式的重要特征就是塑造出权力型国家的色彩与形象，这样的结果也是必然的社会现象，关键是要解决这种类型模式所存在的制度缺陷，特别是要增加自治、分权和民主的色彩，最终形成集权与分权、自治和民主等各种因素相互结合影响的新型社会制度，从而体现出现代社会制度的特征，推进现代社会稳定和健康发展的步伐。

日本则是军事组织色彩相当浓烈的国家，属于军事组织型的国家和制度模式。二战中日本形成军国主义国家，实施"脱亚入欧"和"东亚殖民"政策，妄图建立"大东亚共荣圈"，实现对东亚国家和民族的军事管制，并逐步完成吞并，以致组建覆盖东亚的"大日本帝国"。战败之后，日本借朝鲜战争获取重新崛起，不仅已成为世界第二大经济体，而且在恢复天皇制度的基础上，重新确立以海上自卫队和陆上自卫队为主体、具有军事组织色彩的国家形象。现今日本社会仍存在极为明显的军国特征，并显著渗透在日本社会和文化之中，比如"现役生"和"学生出阵式"等，诸多社会术语都带有较为浓烈的军事组织色彩，而且还注重社团组织和服从社会，即个人服从组织、组织服从国家，完全是以军队建制形成社会系统结构。因此从某种意义上来说，现代日本依然为军事组织型的国家。这种国家形态和制度模式既存在近代以来历史和文化因素的原因，同时又存在现代国际形势和日本社会现实的因素，关键是日本已成为世界第二大经济体和军事技术能力较为强大的国家。

上述现实因素和条件为现今日本形成军事组织型的国家和制度提供了土壤，这有可能引导日本重新走上军国主义的发展道路。目前美军驻日存在部分阻遏的意味，但随着美国实力的日益下降，以及国际形势的复杂变化，日本社会中的军国思想定会日益浓烈，必将导致军国主义思想的复活和蔓延，从而促使日本可能会重新挑起东亚的纷争，推进东亚侵略、征服与殖民政策。针对上述方面和相关事态，中国政府和人民需要给予特殊关注、认真观察与审慎思考，并努力通过国际协力，抑制日本社会中这样思维和政策的形成与发展，从而为东亚赢得和平，以及为世界做出贡献。

日本奉行政军教合一于社会，而中国则奉行政军教合一于学校。日本社会已形成大教育系统的结构体系，即在社会大系统中完善教育制度，不仅关注学校教育系统，也重视社会教育系统，而且还不断地加强教育与社会之间的协同，明显具有政军教合一于社会的特点。而中国对教育的认识还停留于学校教育的范畴，社会教育系统尚不完善与发达，而且存在与文化涵育社会功能之间的混淆，造成社会教育与文化涵育之间的界限不清，社会职能不完善，并由此导致教育者的主动性和积极性不高，实质上是将社会教育等同于文化涵育，同时社会教育的社会职能又移至学校教育，造成出现政军教合一于学校的局面。这不仅冲击到学校教育的内容和课程，而且还造成学校教育在理念和制度上的混乱，不利于学校履行自身的社会职能，影响学校实现人才素质和能力育成的根本任务。

中日社会发展现状已表明，在大教育系统之下，实行政军教合一于社会，具有较大的比较优势，这是日本"学力社会"形成的重要依据和基础。而中国实行政军教合一于学校，造成学校教育的社会职能难以明确与凸显，以致学校教育、社会教育和文化涵育等方面的社会职能发生错乱，从而影响教育系统职能的整体发挥，现实性地影响人才素质和能力育成，以及学术科研事业的发展，再加上存在行政主导型的管理模式，造成学校教育出现极为严重的行政化倾向，更对学校教育实现自身社会职能造成诸多困难。上述方面应予以克服，而日本大教育系统的构建经验则值得吸收与借鉴。当然，日本学校教育管理中的自治原则也存在吸收与借鉴的必要，这是中国学校教育克服行政主导型模式弊端的重要路径。

中日两国进行部级"经济高层对话"，签署"共同文件"。但此后中国报纸新闻中删除日方认为的两处主要信息，即希望人民币增值，以及希望中国开放能源领域投资自由化，此即中日"共同文件"的解读纠纷。因为上述两点只是日方的希望，其实中方并未接受，因此大可以不必进行报道，但日方却提出抗议，并可能成为福田即将访华时要谈论的话题。实际上，这是中国外交成熟的标志。这是日本媒体的少见多怪，此事件正体现出中日政治文化的显著差异。日本为形式上的分权国家，中国为实质上的集权国家，政治体制上存在明显的差异。正如日本人的儿子18岁可以独立，父母不再做主；中国人的儿子18岁可以独立，但父母还得照应。日本部级官员在分权制下存在权力；中国官员则相对较少，签署的文件需经上级核准、认可，若存在不妥，可以进行修正。因此虽说签字，其分量不同。这是中国政治文化特征导致的政治结果，也是适合中国基本国情的正确措施。因此，日本人的议论体现出其社会对中国的无知，特别是对中国政治文化特征的认知缺乏。

日本政府增设中国二科，其中抬高日本对中国的关注是显然的。同时也应看到日本将会对中国有更为深入的认知，以及策略的针对性，中国也应有预防性的应对措施。日本人相当奸诈，政治权谋相当远虑，中国应高度重视对日本的认知，要在政治层面上加强应对。从长远来看，中国必须发展起来。首先要注重科学与技术工艺，让传统文化回归社会，学校教育和社会教育的内容集中于科学与技术工艺，集中力量搞好高科技和社会科技应用，学会"两条腿"走路，这是国家发展中应采取的良好策略。

东京游学札记手稿剪影（一）

卷四

重新审视：摒弃误读与深度考察

资源贫乏：局限与误读

在中国《世界历史》课本和众多参考资料中，多提及日本在环太平洋地震带上，资源贫乏、多地震灾害，而对中国的介绍则有地大物博、人口众多、资源丰富，其实这样的提法存在以偏概全的错误。两相比较，还存在思想认识上的问题。其实就中国而言，确实存在某种先天性的优越，但这些有利的条件都是相对而言的。论及国家土地面积、人口资源总量，中国确实占有较大的优势，但同时也存在比较劣势，国土面积和资源相对庞大的人口基数而言，人均占有量显得相当少，何况现今中国发展需要大量的资源，而国外对中国进行要挟的也正是资源，比如铁矿石和石油资源。日本虽然地域狭小，却也承载上亿余的人口，人均生产总值更高出中国很多倍，且拥有庞大的海外企业和集团，经济实力占据世界第二位（2008）。就矿产资源而论，其实日本也相当丰富，不仅有金、银、硝石、硫黄，而且还有很多战略资源，同时日本还利用自身的经济优势，进口大量具有战略意义的资源，比如铀矿和稀土。日本拥有50余处核武物质的储备库，已从中国进口和库存大量的稀土资源。同时除了矿产资源之外，日本在渔业、海洋、地质、植物和文物等资源方面也异常丰富，这是目前中国所缺乏的重要资源。日本还利用自身的经济优势，通过参股等多种途径，控制很多世界级的铁矿企业，形成较强的铁矿价格决定权，并对中国钢铁企业的经营带来较为严峻的挑战。可以说，在软硬实力和各种资源上，现今日本都具有较大的比较优势。

中国应改变过去的传统认识观念，改变对现时日本的各种偏见，认识到日本并非资源贫乏之地，而是具有丰富资源的地域，中国要成为在海洋和陆地兼具比较优势的国家，日本是可供充分利用的东亚资源大国。因此中国应正视现实、缅怀历史、奋发图强。只有如此，中国社会和经济发展，以及中华民族崛起，才能最终成为现实，并可以有力推进和顺利实现中国在世界中的大国地位。但无论如何，日本丰富的资源都值得充分利用。在全球性经济危机中，日本渔业受到特殊的关照，甚至扩大招聘职员，这是正值日本大中型跨国企业存在巨额赤字，并出现大量裁员之际。由此可知，全球性的经济危机开始在列岛上出现深化发展，已影响到日本社会的日常生活，此时需要防止日本军国主义的复活，以及重新走上对外侵略战争的发展道路，但现在也并非日本耀武扬威的有利时机。日本声称要向钓鱼岛及其附属岛屿派遣常驻舰船，虽然说其中存在麻生争取选票的策略，但中国也需要做好充分回击的准备，从而借以有效地应付日本军国主义思想与行为的现实性复活。

以前中国教科书仅以矿产资源解说日本，认为日本资源贫乏，但现在看来过于笼统，因为这只限于部分的矿产资源，而日本其他资源甚至有的矿产资源却相当丰富：日本渔业资源丰富，可谓东京人吃鲸肉，北京人吃鸭肉，就是这么大的区别，可以想见日本是渔业资源的宝地，由此可以改变日本资源贫乏的印象；日本水资源也很丰富，其地处东亚列岛，天然地具备充裕的水资源，现今日本发展多种水资源利用项目，充分地发挥水资源上的比较优势；日本某些矿产资源也具有较大的比较优势，比如硫黄和硝酸类，即地震火山爆发所附带的矿产品；日本地质结构不稳定，地热资源丰富，"钱汤"（浴池）已成为日本重要的旅游项目，同时日本还大力发展地热发电项目，既经济又无污染，比煤炭火力发电优越。其中特别要指出，日本渔业资源和海产品资源非常丰富。日本传统渔业相当发达，古代日本人多以渔业为生。在全球性的经济危机中，日本大中型跨国企业的经营赤字增长，多家工厂停工，企业大规模地裁员。在此特定的情势之下，日本渔业协会打出招聘广告，大规模地扩充渔民队伍，扩大渔业发展的步伐。这是日本电视节目《日の幸》中报道的事情。

顾名思义，渔业是日本传统的产业。在全球性的经济危机中，日本人在大型企业出现困境之时，还可以重拾传统渔业作为谋生的途径，可谓值得日本人深感幸运的事情。斯言确实在理。可以说在明治之前，渔业是日本的第一产业；明治之后，随着日本社会近代化的推进，特别是发动侵华战争之后，中国的巨额赔款为日本社会注入大量的发展资金，从而出现翻天覆地的时代变化，涉及产业、生活、教育和商业等领域。而与此同时，传统渔业在日本人社会生活中的分量逐渐地下降，二战之后依然保持较低的分量。从上述角度而言，日本是极为典型的海洋资源大国。由上可见，日本并非所有资源都贫乏，只是石油和局部矿藏存在短缺，但总会有其他方面弥补上这样的缺憾，比如渔业、水资源和地热，以及牛磺和硝酸等矿产品，因此，切实需要纠正日本资源贫乏的传统认识观念。同时应看到，日本并不因海洋资源丰富而就无节制地获取，而是进行持续性的开发，比如日本国内鱼肉的价格也相当高，出口的只是海产品加工之后高附加值的鱼肉罐品，而非初级的鱼产品。捕鱼多以大鱼类为主，捕鲸更与国际鲸类保护组织存在极大的矛盾，而且渔场大多采取电击或鱼叉，随船配备冷冻室，捕获之后迅速地进行处理，放入冷冻设备，保证肉品的新鲜与可口。从对待国家渔业资源的做法可以知晓，日本开发资源之时相当节制，体现出可持续的开发。

只有发现日本资源的优越处，才会产生探索的兴趣，然后努力地去了解和认识日本社会，这是中国人必须补上的重要课程。之前太过于忽视日本的价值，现在应修正中国人的对日认识，并应重新地规划东亚的格局，否则养患于侧、终必后祸，应当切实地慎思。然而，现在中国的资源开发，比如煤炭、石油、天然气和森林等自然资源，大都乱采滥伐，然后超低价格出口，换取外汇储备。如此无节制的资源开发早应休矣，但为何还在持续？反映出中央既得利益者与决策者之间所存在紧密的裙带关系，否则为何中央政府已提出可持续发展战略，但无节制和非持续发展的事例仍在继续，而且还破坏了中国产品的国际声誉，成为伪劣产品的代名词，并进一步地加重资源破坏、环境污染和生命安全，以致对国家崛起和民族振兴带来诸多人为障碍，这样的现状值得深思。

日本人力资源中的低端体力劳动者奇缺，而科学技术发展及其社会化的程度保持得相当高。集中表现在：其一，在低端体力劳动岗位上，尽量安排其他国家移民和游学生就业。因此日本极力促使外国游学生在日打工，实施扩大外国游学生规模的政策，并规划到2010年达30万人的发展目标。但外国游学生的打工时间又受到严格限制，同时打工的薪金又转而进入日本各学校，因为日本的学校要求外国游学生入学时交纳大额的学费，即外国游学生的打工薪金基本上只能满足学费和在日生活费的需求。其二，在不需要投入人力资源的某些劳动岗位上，尽量实现机械化和自动化操作。日本是以人为本的国家，科学技术获取了高度的运用。日本国民享受较高的社会福利保障，并在此基础上竭力维护日本科技研发的前沿地位，并在高层管理和关键岗位上投入巨大的人力资源。同时，为确保日本国外利益的扩展，还投入大量的人力，借以维持和发展投资国外的企业，并以高科技和服务行业为两大引擎，利用外国资源和人力，从而实现获取高额利润的经济目标，以致造成日本国内更显人力不足，特别表现在基础行业和以劳动服务为特征的岗位。正是存在上述原因，促使日本更为关注科学技术的实际运用，从而促进日本社会劳动和服务朝向机械化与自动化的方向发展，这也是日本之所以想方设法地引进国外高素质青壮年劳动力的根本社会原因。

大和思维：系统与复杂

中国人对日本的了解还较为肤浅，在这一点上戴季陶曾有所批评，周建人也有论及，还有蒋百里也论述过，但仍不能提起中国人的研究兴趣。中国人印象中的日本总是与"小"字相联系，提及日本总是资源贫乏，仿佛就是一无是处的代名词，可以作为垃圾一样弃之不顾。其实明治以来，日本经历资本主义的发展，以及在东亚的侵略与殖民，已累积庞大的物质基础和文化资源，不管是偷还是抢来的，乃至日本自己为落实东亚侵略与殖民而发展或创立起来的，都为现代日本的社会和文化发展奠定了较为坚实的基础。即使出现二战的败北，也未能完全地冲毁日本的物质与文化基础。朝鲜战争之后，美国加大对日本管制措施的松绑力度，日本不仅在经济和科技上恢复了元气，获取世界经济大国的地位，成功地进入西方发达国家"俱乐部"，而且还恢复了天皇制度，延续了"万世一系"的天皇统治传统，并恢复明治以来所创立和发展起来的系列国家政治制度，于是出现参拜靖国神社等行为，"右翼"思想随之膨胀，大肆地对历史问题进行翻案与曲解，甚至否定"南京大屠杀"事件的历史存在。

可以想见，除了美国在日驻军之外，目前日本基本上已恢复到战前的社会和政治状态。虽然日本的军队还叫自卫队，军备的发展受到某些限制，难以凭借科技的实力进入军事大国"俱乐部"。但日本借助美国的力量，不仅获取琉球的管治权，而且还利用美国驻军琉球，有效地护卫战后日本脆弱的防卫，并对中国东海和钓鱼岛及其附属岛屿声称主权，有效牵制了中国的防卫力量。日本还利用庞大的经济基础，伙同西方发达国家，倡导围堵中国，借以削弱中国的影响力，迟滞中国社会发展的步伐；利用中国对外开放政策，成功打入中国社会的内部，以及利用中国人游学生和在日华人等搜集中国的情报信息，展开对中国社会情报信息的分析和研究，在某些方面甚至比中国人自己的研究还要深入与细致；同时还利用中国人反政府势力分散中国的凝聚力，甚至制造中国社会内部的矛盾和问题，制造"中国威胁论"，大造反华和制华的国际舆论，采取外交和现实两种态度，大肆地分化中国社会的实体。

上述方面既存在系统思维上的表现，也存在诸多细节上的作为。国际交流会馆和祖师谷公园合办社区文化祭，就反映诸多细节上的作为，比如存在招贴海报上绘制的中国旗，以及会馆正厅悬挂世界各国旗，都存在极为浓烈的"反华邪性"。战略上也是如此。麻生首相一面强调与中国存在"共同利益"，同时又具体落实"自由与繁荣之弧"的思想理论，并在日本国内制造田母神俊雄的"右翼征文"事件，竭力实施"双簧计"策略，从而达成以历史问题掩盖现实焦点的目标，体现出复燃军国主义的思想意识。可以想见，这不是单一、纯粹和偶然的历史翻案事件，而是系统和复杂的社会思维问题。若统计日本军国主义是否存在复活可能的调查结果，肯定比例会保持得相当高。因此，看待日本社会出现的各种事件，特别是历史敏感问题中的相关事件，需要多角度地运用系统思维，从整体和细节两方面来分析问题。中国人要深入了解与认识日本社会的真实，就必须切实从日本社会的各种具体事件或细节入手，而不应虚浮于某种定论。

在日本社会中，经常可以看到各类奖赏的新闻和话题。细分起来，奖赏的类别大致分为：其一，日本政府设立的奖赏，包括天皇赏、内阁大臣赏（包括总理大臣赏和农林等各"省"大臣赏等），奖励对日本社会或专门领域做出重大贡献的个人和集团。日本以行政职位命名的奖赏项目名类繁多，这既有利于发挥激励先进的成效，同时也有利于扩大政治的影响力，具有极为强烈的感召力。其二，经济财团设立的奖赏。日本经济财团为回馈社会，同时也为了扩大宣传财团自身，设置财团专门奖项，奖励在某些方面做出突出贡献的个人和集团。其三，政府团体设立的奖项。日本社会中的政治团体较多，为了扩大宣传并获取社会的支持，政治团体采取各种措施，包括设置某些种类的奖项。其四，社会组织设立的奖项。日本各种社会组织纷纭呈现，存在较为重要的社会影响与作用。日本社会组织为了服务社会、扩大影响，设立奖项也是其中重要的措施。其五，教育面向的奖项。此类奖项的参与者较多，奖赏的发放者成分也较复杂，比如政府财团、团体、组织和个人等，诸多参与者都有介入，面向是各级类的学生和教员，包括学习、科研和专业领域的优秀者。

日本大量地存在各种奖赏的现象，突出表明日本社会高度重视榜样的作用，并采取各种特定措施和多层面参与的办法。比如，日本政府颁发各种奖赏且电视直播，这也是日本及其电视台的通常做法，由此极大限度地发挥宣传和榜样的作用，起到较好的社会效果。与开展各种典型人物的学习活动相比，这样的做法更加具有效益性，不仅不存在过多浪费宣传的现实影响，而且还可以更为有效地提升社会效应，起到真正的榜样宣传效果。由上可知，日本社会存在诸多奖赏项目及其现象，具有榜样的社会影响与重要作用，中国政府和社会也应大力地吸收与借鉴，特别是避免奖赏项目和活动呈现贫乏和单一的现状，由此激发社会舆论和发挥榜样的作用，从而达成凝聚社会民心和扩大政治影响的根本目标。

知日深度：阅读与审视

日本为中国的近邻，存在认真阅读与审视的必要。近些年来，中国改革开放的政策成效惠及日本，比如日本人大量地跨入中国，但到底有多少日本人在中国、都在干什么、日常行止如何？这些问题不知中国政府可否详实地掌握？中国人民肯定难以掌握。因为这批日本人群体在日常社会生活中大多使用汉语，与中国民众交流没有太大的问题。同为黄皮肤、黑眼睛，相貌上难以辨别。同时，由于中国基本上全境开放，社会生活特别是交通、饮食、住宿和衣物（衣食住行）等方面价格低廉，日本人也很容易在中国境内求取到生存，无形中也增强了日本人的流动性，增加了对在华日本人的掌控难度。由于日本企业大量地涌入，这批日本人大多以职员派遣的形式进入中国，企业资金充裕，个人储蓄充足，不仅为日本国家带来税源，而且还有经费针对性地开展各种活动，这也正是对外开放的双刃剑。中国内部的很多矛盾和问题都能找到外国的根源，特别是中国的近邻日本。深入阅读日本，审视日本人，并采取措施掌握在华日本人，在现代社会环境中显然日益重要。同时，还应促使中国工资和物价等获取同步的增长，借以维持与发达国家保持同等甚至更高的水平，从而削弱外国人在华生活的比较优势，减少因外国人在华衣食住行上过于便利所产生的危害，并采取必要的特别措施，比如强化外国人的集中居住，落实中国人房屋集中统一租赁的条例，以及采取其他办法掌控在华外国人的日常行为，尽可能地减轻对中国的危害，以及因对外开放政策和开放战略误读所造成的危害，关键是要更为深入地认识与理解开放战略的真正含义，并能在实践中贯彻与落实，主动、自觉地维护国家和人民的根本利益，转变崇洋媚外的社会观念，着实以国家和人民利益为第一精神，制定政策、落实决策，以及开展工作。同时，要强化对诸如在华日本人群体进行确切的掌控，促进对外开放政策的健康和顺利落实，从而达到实现开放战略的根本要求。另外，信息的过度公开也并非完全为好事，论文发表也应加强掌控，以避免信息的过度外泄。当然，学术自由原则的遵循也相当重要。但上述两点并非是不可调和的矛盾，相反却存在相辅相成的紧密关系。因此就目前看来，需要掌控在华外国人，更应深度地掌控在华日本人，因为不言自明，在华日本人对中国社会的危害更大。

大凡研究，特别是理论研究，绝不可以缺少书本的参照，虽然要着眼解决现实的问题。从不反对调查研究，特别是进行数据性的实证分析，但也并不否定书本知识的重要性，特别是经典类的图文书籍，更经历千百年的流传，肯定具有极大的存在价值。当然，还是需要采取批判性的阅读与分析方法。本来就对中日近代化问题特别感兴趣，在国内时也深感到对日本相关事情的了解太少，因此东京游学是绝好的机遇，期间购得很多相关文献古本和新籍，定会对以后的学术科研有利，由此既可以认识日本社会的现在和过去，也能了解日本社会的思维方式和历史观念，以及对中国的认识与思想状态，从而在现实日本社会中关照历史中的日本，回溯现代日本社会中各种现象出现的来源与去向，并在此基础上真实和全面地认识日本，提出应对日本的新建议与新战略。"知己知彼，百战不殆"，这是军事上的铁律，但愿更多中国人了解日本社会对华的真实心态，而不是听信政治上的僵化宣传。和平友好是手段，共同利益是目的，麻生的这句话还较为实在，值得中国政府和人民进行长久的回味，不要再钻进"中日世代和平友好"的牛角尖，正视国际社会和中日关系的发展现实，适时地调整对日政策，维护中国的国家和民族利益，以人民利益为最大，从而推进中国对日思维和政策的新突破。

目前日本对中国就是采取这样的战略：欲制伏其政府，先祸乱其国民。日本不仅培植中国人的反政府势力，而且还存在大量的在华日本人，其中部分以合法的身份做着非法和扰乱中国的事情，这样的状况应有预防性的应对措施，并仿其道而行，采取相应的反制措施，这也是改革开放战略的重要内容、形式和表现，应予以高度的重视。另外，要采取批判和辨析的态度，审视日本的文献数据与思想观点。研究历史特别是近代以来的历史问题时，对待日本的文献数据和思想观点应采取更为慎重的分析态度，因为在很多情况下，日本社会存在诸如信息夸大、负面报道和反华倾向等问题。近代以来，日本社会与文化中盛行"反华邪性"，当前"反华邪性"变本加厉，甚至完全进入病态的癫狂状态。同时，日本学术界也盛行对华"邪性"，出现大量不符合史实的历史著述，极为严重地存在数据缺乏证据和臆测成分，也存在大量的偏激历史观、对华负面报道和夸大成分，以及充溢"反华邪性"。因此对日本文献的采择要持特别慎重和批判的态度，否则会造成历史研究成果距离史实较远的问题，即导致成为戏说历史的著述或观点。但在现实日本社会中，这样的思想观念仍蔓延在日本对华信息情报的采集和分析之中，比如日本电视台节目热衷于对中国进行大量的负面报道，体现出日本社会对华观察和分析中存在极为浓烈的"反华邪性"，中国人应对此多持批判和辨析的审视态度。

日本人对中国历史和现实不知研究过多少遍，以致日本的中国历史研究甚至超越中国本土的研究成果，而且难以胜数，同时怀着"反华邪性"，"中国样"分析和评论不知做过多少次，同样也难以胜数。而当下中国无论针对历史还是现实社会，到底对日本有怎样深入的研究？这里存在很大的问题。在多数中国人的记忆中，日本的印象还停留在徐福东渡的求仙故事，以及日军侵华不堪回首的历史记忆，再加上鉴真东渡传佛的历史事迹，而对历史中的日本社会情形、民族特性、文化内涵和社情民意等方面知之甚少，对现实日本的政意与舆情更知者寥寥。中国政府也采取"摅乎眼"的办法，在对日外交的大唱赞歌声中陶醉于"中日世代和平友好"的幻影，甚至在唐朝盛世诗人送行日本人的诗词中寻求寄托，其实这一切的情形和时代早已变迁，而且日本社会的中国认识也早已变调，明治以来"反华邪性"已成为日本社会对华态度的主要调门。

现今中国在日本社会中作为最大"假想敌"而存在，上自日本国家高层下至日本普通民众，普遍地怀有对华敌视的态度。丝毫不夸大地说，应是大多数，而并非如中国政府所言的极少数（一小撮）"右翼"。同时，中国政府将日军侵华的历史认识和日本社会对华认识的现状，归结为少数人的意识与作用，即历史中的罪恶属于当时的日本（旧日本）政府，而与日本人民没有关联，其实这样历史认识的思维存在极大的错误。试想可以将中国当下的政府与人民分离吗？日本在解决历史遗留的受害者赔偿官司审判时可并没这样做，即日本司法认为，中国政府已放弃日本发动侵华战争的国家赔偿，中国人民理应也已放弃，中国政府在上述方面也已默认，难道不是这样吗？要不然，中国政府为何不出面给予日本侵华战争受害者以司法援助，并展开外交手段借以维持中国受害者的根本利益。因此，中国政府所设定"中日世代和平友好"的大前提，已存在极为严重的问题，更遑论依这样的幻觉所确立的多项具体对日政策。由上可见，中国对日外交的思维应有较大的改变。日本并非"善邻"，而是十足"恶邻"，日本文化存在极为严重的"反华邪性"，可以说是根深蒂固的本质属性。犯我天威者，数十百年之后，仍将是"撮尔列岛"，中国政府和人民应慎重地对待这样的现实。

本来多民族是由日本地理位置和历史所决定的，迁来列岛的人群主要包括：西伯利亚移民，这已为证实；历史中的"虾夷"，即如今的北海道，土著人为阿努伊人，从西伯利亚迁徙而来；朝鲜半岛移民，这也为不争的事实，而且应是构成日本人的主体人群，即朝鲜人为现代日本人先祖的主体人群（种族），主要分布在日本领土的主干区域，即本州、四国和九州诸区域；中国沿海移民，这也是由地理和历史条件所决定的，先进的中原文化对列岛产生过极为深刻的影响与作用，直接性接纳为重要的途径；中国云南区域移民，这部分人群来源于秦代徐福来日求取仙药的事情，秦嬴政在领土扩张和号称始皇之际，命徐福来日寻求不死药，并将刚俘获的云南地方童男女三千人，由徐福携到列岛，历史的遗迹和史书中已为求证，有好事的日本生物学者通过基因分析给予证实，表明日本人与云南地方的居民存在基因上的重合，因此极可能存在这种历史事实；东南亚其他区域移民，这主要来自距离日本较近的区域，比如菲律宾和马来西亚诸区域，存在漂流民来日，从而也成为日本人种构成中的一部分，但这种人群比重较小。

在近代以来的领土扩张中，除了中国和朝鲜半岛之外，日本还对"虾夷"（北海道）和"琉球"（冲绳）进行领土扩张，目前北海道还存在阿努伊人种（民族），而冲绳人也更大可能上具有中国人的血统，即中国汉族的移民，因此这也表明目前日本管辖区域内居住的是多民族人群，由此可以判定现代日本是多民族的国家，而绝非单一民族的国家，除非日本分裂，即否定北海道和冲绳为日本所属或管治，以及历史中的日本与东亚大陆之间的文化联系，但这绝非辩证唯物主义和历史唯物主义的民族与国家观点。由上得出结论，日本号称为单一的民族，只是为维护列岛辖区民族融合和推行"日本人种优越论"，故意采取非历史主义的策略与手段，而受到损害的是日本境内其他民族的文化独特性，即将其纳入日本单一民族的范畴，利于构筑所谓大和民族的概念内涵，其中体现出大和民族的整体扩张思想，当然也是日本人意念的扩张，绝对是非历史主义的认识，应予以深入的批驳，并且必须还原日本历史与民族的本相。

中国政治家对日本社会的思想和势力的划分，通常采用主流和支流的形式，当然这样的划分亦无不可。但有一点要注意：日本社会思想和势力的主流与支流并非绝对。正如水流，一股大、一股小，但日本社会的思想和势力却如网纤，大股不见得影响与作用大，小股不见得影响与作用小。若再以水流类比，就是大股可以变成干涸，小股可以变成洪峰。存在如此的发展，就折射出日本社会思想和势力变化中存在的灵活性规律。和平与战争可以视作日本社会的两股思想与势力，而且还可以比作中国的泾水与渭水，谁浊与谁清暂且不论。两条清浊分明的水流汇合，便变得混杂不堪，而日本社会就是这样的混杂体。但日本社会的"泥潭"没有自我净化的功能，在此永远具有清浊难辨、浊者似清和清者亦浊的显著特征，而"泥潭"周边的变化对日本社会存在影响与作用，可谓"天晴"与"雨雪"亦有不同。"天晴"时，清浊时有沉淀，虽仍混浊不堪；若遇"雨雪"，则更为混浊，以致需要排放出"泥潭"，于是混浊的"污水"倾潭而出，这就是近代日本军国主义的"污浊洪（浑）峰"。而现在虽属"天晴"，时有沉淀，但混浊"泥浆"仍时有泛起。因此，看待日本社会思想和势力的主流与支流，已难以分辨其中的真相，因为现已是混浊的"泥潭"，清浊不分而没有自净的功能。

依此原理，察看日本现今的政治走向，各种"左翼"和"右翼"时有发声，清者说清、浊者说浊。而于中国而言，有人说它清，有人说它浊。其实上述全部为日本社会认识中的虚像。面对日本社会，说清者不一定就清，说浊者不一定就浊，若没有条件上的改变，日本社会就是混浊不堪的"泥潭"。而当条件存在改变，混浊不堪"泥潭"排出的也只有污浊，因为日本社会并没有自净的能力，这是由日本历史和文化所决定的结果，而其中重要的就是日本国民性所存在稳定性和组织性完全具备的"土匪窝"特征，而这又是由日本文化中的神道教和武士道所决定的。神道教确立天皇制度，而由此相生出首相内阁制度，前者实像若虚，后者虚像若实，本身就是清浊不分、混浊不堪；武士道导致日本社会存在极为严重的战时色彩，战争话语已渗入日本社会生活，比如作战、现役和团地等话语，表达出日本军事组织性的社会特征。在"满潭污浊之流"中，管理者明是首相内阁，采取首相内阁两院制，该收该放，以及该收该放到多大程度，当然存在一定争论程序，并且这一切还都是虚像，而决定权实质上掌握于天皇，这才是实像，这是由日本社会中天皇制度传统所决定的结果，也是明治日本发展到顶峰之后所奠定"民望"决定的结果，而且天皇制度是日本社会中神道教的现实体现，诚为日本文化的重要制度载体。

由上可知，日本社会可谓虚实相生、明暗相嵌、清浊不分，流出的肯定是"污浊"水流，因为日本社会没有自净的功能。若要清除此"污浊"的水流，还是要具体地观察和分析其社会这种"大泥潭"及其管理者，而这一切又都是日本文化所决定的。因此要清除这样的"泥潭"，当以从日本文化着手为根本。若真如此，也只有将这潭"污水"渲泄于全球"大洋"之中，方能消释与净化。因此应让日本全部消融于全球"清湛"文化之中，缓慢地净化日本民族及其文化。其实这也道出日本的心愿："脱亚入欧"。因此，全世界应督促和成全日本实现"脱亚入欧"和"脱亚入美"的发展目标，让日本污浊"泥潭"融入汪洋大海，从而达成纯净日本民族及其文化的最终效果。

当前日本为高度发达的资本主义国家，或许这已成为全球性的共识。其实，考察日本社会和国家的性质，发现是存在浓郁封建传统并与资本主义相结合的国家。若从国家体制角度来看，更是建立在君主立宪制度（天皇制度）的基础之上，以集权性特征为基础，具有分权化和民主化特征的国家。而从战后以来美军驻日的社会现状来看，日本又是国际社会中少有、实质上处于现代半殖民地状态的国家。但从社会秩序的严整程度来看，日本又是具有复杂规制和环境整洁的国家。至此人们一定会问，日本到底是什么样的国家？实质上讲，日本就是杂种性的国家。因为日本文化的重要属性就是杂种性，这是日本文化研究学者加藤周一所做出的精辟总结与归纳。

俗话说，"不入狼窝，焉得狼崽，更遑论识狼心"。来到"敌占区"，回想"解放区"，两厢比较深有感触。每次见到中国游学生，相互谈及来日观感，存在历史记忆与日常现实之间的差别，有时从日本文化层面上分析，或许能获取较好的认识与理解，而日本的社会现实存在另外的样景，给人的感觉是具有相当成熟的文明程度。就思想自由和政治多元来讲，各种行业、区域以及结成的团体在日本社会中发挥较大的作用。比如，存在社会问题时，很快就会组织各种团体，在正常渠道难以消除不满情绪的情况下，街角政治就会顺势出场，标语和口号是不可少的街景，街角特色的政治服饰（穿戴印有各种口号和标语的服饰）开始出场，但却保持相当的理性与和平，参与者自觉地排队，沿街边有秩序地通行，虽然高喊各种口号，但绝不会出现非法损害公物和打砸抢烧等违法行为，而媒体会在第一时间之内发出新闻，政治人物迅速地知晓事件的来龙去脉和实质诉求，即可以进入政治议程，相关政策与措施也就顺利出台，社会问题与矛盾就是通过这样的途径获取顺利的解决。

当然，日本社会思想呈现出多元特征，特别是政治理念存在多种类型。只听见行政官员遭人刺杀，无论出于何种原因，但很少听见公民遭行政官员虐待而亡，因为一切都在法律框架之下行政。而行政官员遭刺杀，或存在政治派别之间的不可调和矛盾，或存在个人之间的恩怨与情仇，或存在因政策调整的原因，损害具体的个人利益过甚，总之可能存在较多原因。但即使为暗杀，自首的杀人者也较多，理由是不浪费纳税人的钱，真可谓具有"一人做事一人当"的勇气，而这样的杀人情节还可以获取免死或其他减刑，社会与个人两获其美。从社会发展角度而言，日本是具有东方集权性色彩的国家：吸取中国传统的中央集权体制，实施"大化改新"；借鉴西方近代宪政的体制，实行君主立宪制的政体，引进分权化和民主化的因素；存在固有的民族本性，即神道教与武士道的影响，形成具有军事组织性特征的国家。

其实，日本人最没有"盼头"：天皇实行世袭制，普通日本人不敢问津，否则是大逆之罪；首相虽为公选，但也多从自民党出，战后出现少数几任民主党首相，但基本上都是短命的，即过渡政府。由此看来，日本表面上为多党制，实质上则为一党执政。日本政府高官盛行"太子世袭制"，比如小泉纯一郎2008年退出政坛，于是向政府高官推荐，政治遗产由其小儿子继承。说白了就是言明，下次政府会议本人不参加，以后由小儿子代表参加，这样其小儿子就顺利地进入日本政坛。分明这是赤裸裸的世袭制，由此组建出日本社会中强大的"太子党集团"。由上看来，普通百姓要想涉足日本政坛较难，当然也就"盼头"不大。没有政治"盼头"，普通百姓只好从别处寻找出路，于是就出现社会各阶层，比如学者、专家、商人、农民和渔民等职业类别，百姓各安其业，任由政坛大佬相互争斗。而日本政坛斗争的方式就是协商和质询，最终让权于民，于是民众就有了选举权，确立区域自治制度，拥有新闻、言论和结社自由，政坛大佬为获选票而百般地拉拢百姓，这样百姓的利益就成为政坛大佬斗争的尚方宝剑，于是分权化和民主化获取深入的发展，从而政治上日益形成"日本型"特征：集权化、分权化和民主化，其中集权化为根本，分权化和民主化为发展趋势，由此梳理出日本政治的基本样式。

从文化发展角度而言，中国依然为东方文明的中心，这是历史形成的结果，任何力量也无法更改。但近代以来，日本通过掠夺和发展，日益成为东方文化的中心，现今这已成为现实，在这一点上已达成共识。主要体现在：其一，日本对东方文化典籍和文物的收集与保藏。无论图书和文物如何流入列岛，但日本已建成东方文化的保存系统，形成极为丰富的东方文化资源，这样的事实已不容置疑。其二，日本对东方文化的综合分析与系统探索，显然表明列岛已成为东方文化研究的中心。虽然日本文化实质上是中华文化的分支，而且存在背叛的成分，但日本对东方文化的研究却倾注心力，虽然近代以来背叛的成分日益增多。日本东方文化研究的成果可以说汗牛充栋，主要是近代以来的研究，原因在于通过战争掠夺中国大量的图书和文物，丰富了图书、文物和资料的收藏,文献材料一旦丰富,日本东方文化研究的热情也就一时高涨,再加上近代以来日本经济丰盈,掠夺了中国大量的赔款和资财,因而近代以来列岛形成了东方文化研究的中心,至今依然如此。而近代以来中国文化研究日益落后,最终东方文化研究的中心让位于日本。其三,日本吸纳西方科技文化,丰富东方文化的内涵。东方文化注重道德修养,"文"的成分相对较重,而自古及今日本更为注重集权性、组织性和实用性,因而近代转型中的日本奉行"和魂洋才"策略,而这样的策略与近代中国"中体西用"理念完全两样,甚至可以说路径相向。日本注重西方科技文化,从而在东方文化上嫁接西方科技文化的分岔,于是产生东方文化中的崭新样式,即形成东方文化和西方文化相融合,并具有列岛本土特色的崭新文化类型:日本型文化。

反哺中华:启示与借鉴

自古及今,日本人热衷于了解、分析与研究中华文化,甚至在某些领域或方面,比中国人自身对中华文化的研究还更为深入与具体,因此对中国人的文化思路和社会思维掌握得也就相当清晰与透彻。这也就从另一方面表明,中国有必要进行文化上的重新构建,从而借以改变中国人的社会思维模式和具体行事方式,摆脱日本人对中华文化精髓和社会运行思路的掌控,这将是涉及中国社会长远发展的战略问题,以及中华民族存亡的重大问题。而中国文化重建的重要举措,就是要借鉴西方世界包括日本文化的发展成果,以及实现中国社会发展的战略思维转型,即改变传统道德文化的模型,实现向实用型文化的转变,用现实和本土的眼光,对待和考虑处于国际竞争环境中的各种重大问题,提倡文化视阈中的"百家争鸣",实现发表和出版自由,改变目前言论和知识出版受控的现状,让各种奇思异想竞相迸发,从而实现中国社会文化的繁荣与发展。

中国社会发展要有系统、大局和战略观念，而不应局限于权力、金钱和局部的观念，要多从宏观、战略和国际的视界，看待中国社会中存在的矛盾与问题，增强社会民众的话语权和监督权，在社会生活中实现自由与民主，注重传统伦理和道德文化在社会生活中的特殊功能，同时鼓励思维创新，以及思想多元的存在与发展。只要不涉及重大的政治问题、坚持四项基本原则，就容许各种想法和做法的存在与发展，并允许在社会中发挥影响与作用。这对中国社会的战略发展有利，应予以许可与鼓励，从而发挥中国社会中的公民智慧，借以推进中国社会的进步，共同丰富与发展中华文化，以及加速中国社会日趋团结、进步与崛起的步伐。因此，对日本掌控中华文化的思维，以及中国对日本文化了解的贫乏，即这样差距存在的现状，中国人不可以不察觉，并应由此找到各种应对的策略。

日本对国外的研究做得相当精细，绝非能在日本国内大学和研究机构中完成，而应存在相对固定海外居在的研究队伍，这批学术人员可能为长期居住海外的游学生和驻在机构的人员，甚至日本驻在机构中成立有专门进行国别研究的机构，从而充分地利用国外图书资料等信息资源，对居在国的各领域进行精细的研究，并用日文完成大量的调研报告与学术成果。目前中国在上述方面明显还做得相当不够，集中体现在：驻在研究相对缺乏；华人科研力量并未获取组织；游学生科研的成果发表和出版途径不畅；华人和游学生"喜好"使用当地的文字，竭力地获取在驻在国杂志上发表或出版；国内对海外发表和出版的学术成果过于看重，失却学术研究的"中国主体"精神；游学和游历人员科研中使用中文完成的研究成果较少，并且国内宣传的力度显然也很不足；国内学术评价的导向存在较为严重的崇洋媚外心态，过分看重在国外发表和出版的学术成果，因而造成在国内的影响就相当有限；国内学者对国外的研究显得肤浅、随意甚至臆测，导致对国外情况的介绍以讹传讹或一知半解，认识不深且不透，难以做到精细的研究。

由上可见，科研管理及其战略设计并非只是经费投入和配置、成果发表和出版，以及课题审批与鉴定等那样简单，而应是战略与管理系统工程。中国在系统运行的机制设计方面明显地存在不足，具体地表现在国内外研究的战略和管理设计等层面上，应引起科研行政和战略设计部门的极大关注。在这一点上，可以借鉴日本的有益经验。日本对国外的精细研究可以从对中国、美国和欧洲等国家各领域研究成果中体现出来。以《中国初期协同组合论》（1911—1928）和《美国地理教育成立史研究》为实例，上述两项研究的精细度可能连中美研究者都会感到汗颜，对中美两国而言这绝非好事，而且这样的精细研究还体现在日本其他诸多领域的研究成果之中。

日本设立专门研究中国问题的机构，名称为中国研究所，对中国社会、历史、政治、经济、文化、教育、军事和外交等广泛领域进行专门研究，并与中国相关单位和部门存在较为紧密的联系，不仅专门地从事中国问题研究，还经常开展对中国问题的发表和研讨等活动，而且在研究所内设立《中国月报》编辑部，每月出版一期，发表中国问题研究的学术成果。来日访学以来，刻意地关注刊物上发表的文章，注意到主要存在如下几类人群：日本设立中国研究所内的专职科研人员；日本各大学和科研机构内的学术研究人员；在日中国人游学生，大多为修士和博士研究生层次的人员（大多与学位论文及其阶段成果存在关联）；在日华人教授和科研机构的人员；日本在华科研人员、外交机构和游学游历者；中国问题国际会议的相关与会人员；中国港澳台游学生、科研和外事人员；其他国家居在的日本人（撰述海外研究中国问题成果介绍和评论论文，但数量不多，仅为个别）。《中国月报》杂志上刊载的论文质量和水平较高，符合日本杂志发表的质量标准与管理要求。与中国同类刊物相比，有些论文的质量看来还更高一些，原因在于日本杂志的论文发表存在较为严格的质量保障程序。比如，研究生论文一般要有两位教授的签字，并要求以教授的学术声誉作为保证，否则难以在杂志上发表；日本科研人员和大学教授等聚集的专门研究所，具有求实和存真的精神，这与日本社会中的学术科研管理、评价和队伍建设等存在较大的关系。日本学术界中即使本科学历的教授，也是凭科研成果质量的硬功夫说话，遑论博士授予中的严格标准，因此日本学术论文一般质量较高，这是由日本学术管理系统综合设计影响与作用的必然结果。

当然，不应美化日本侵略的历史，但更不应无视日本何以称"雄"，虽然其为"奸雄"而已。明治日本实施"脱亚入欧"和"文明开化"政策，社会、经济和军事等各方面都获得巨大的发展，从而推进日本社会朝向军国化的方向发展，这是传统神道教和武士道在近代特殊时期出现的异化，与西方法西斯主义思潮存在紧密的关联。在社会内外双重作用的影响和鼓励之下，军国化似乎成为近代日本发展的必然方向，而遭受祸患的只能是尚未获取社会安定和自卫能力的近邻诸国，当然也包括纷乱中的近代中国。

分析日本二战历史，特别是军史，战时歌曲不容忽视，比如《大东亚战争の歌》、《大东亚战争海军の歌》、《大东亚决战の歌》、《战友》、《学徒进军歌》、《出征欢送歌》、《南十字星のうた》、《步兵の本领》和《异国の丘》等，诸如此类的日本战时军歌，若不考虑其侵略的本性，确实对战时日本的民心和士气产生极为重大的影响与作用。从这一点上看，和平建设时期的中国也应从中汲取一些营养成分，即如何激发中国的民心和士气，从而推进中国特色社会主义的国家发展和民族振兴。战争可以分正义与非正义，社会可以分和平与非和平，而民气则只能分激昂与萎靡；历史可以分善恶与是非，艺术可以分雅俗与美丑，而民气则不可以分是非与对错。任何历史事件包括日本二战中的殖民与残暴，虽然与那时日本的民气存在关联，但谁也不能否认是日本指导部的罪过，民气是由其激发起来的。而无论任何国家、在任何时期，激发民气都是相当重要的事情。但需要考虑将民气引向何方。近代日本将民气引向战争，这是军国主义的具体表现，而中国在和平建设时期难道不需要激发民气，将其引向社会建设和保护成果？同样需要拥有高昂而富有战斗精神的民气，这应学习与借鉴战时日本，也是日本战时歌曲对中国新时代和平建设和护卫成果的重要启示。

适值"九一八"纪念日,中国一片沉寂,政府身陷举办北京奥运会(2008)的忙碌之中,残奥会正在酣战,也无暇顾及历史的旧怨。同时,中国内部发生诸如山西溃坝和河北三鹿奶粉污染,以及一些地方煤矿塌方和瓦斯爆炸、歌舞厅火灾、客运车翻入深沟等事件,造成较大的人员伤亡。当然还面临更为严峻的现实困境,民间维权意识勃兴,虽未出现民变,但也出现集体性的事件,比如集体侵占铁路线,造成火车停开。上述事件的发生表明,目前中国的民情并不乐观,而且由于没有民间社团及时地沟通民情,政府长期官僚积习缓于应对,长期积压之后激起更大的民愤,从而对社会具有威胁的事件接二连三地发生,应引起高度的关注。政府看来已关注到这一点,省部级干部云集北京,胡锦涛主席和温家宝总理接连训话,强调问题的严重性,呼吁各级政府加强整风,迅速地转变执政态度。温家宝总理更深入民间,向民众致歉,表明解决问题的决心与政策。

但现在中国的很多事情,纯粹是在解决个案,此后还会发生,并没有解决根本问题。因此需要从机制层面上强化问题的解决,推动中国社会的民主进程,加强行政监督,提升公民权力,关键就是要建立公民议政与监督的平台。主要应注意:允许建立公民团体;建立公民议政与监督平台;在制度上保障公民议政和监督权力,避免行政干预和报复;形成正义和常态的官员进出机制,即建立公民选举、弹劾与辞任制度;提升行政中的民主成分,从而推进政治体制的改革与发展,以及维护社会的稳定与进步。

"九一八"纪念日(2008)在日本发生袭击皇宫的事件,正如诬称中国潜艇侵入日本领海,只是日本政客吸引国际眼球的"魔法",并没有新闻价值。并且又声称,潜艇出没日本海岸的新闻系误报,可能是鲸鱼在作祟,足见日本新闻忽悠的本质,而中国却一本正经地处理,新闻发言人抗议,高抬日本那般政客。中国媒体有时也不妨制造点新闻,然后忽悠内外舆论,确实也没啥不可,毕竟政治与娱乐只有一墙之隔,并没啥神圣之处。其实神圣的只有学术研究,特别是科学与技术研究,来不得半点马虎,而中国学术研究正日趋泡沫化,这才是应该特别忧心的事情，足以引起中国政府和民众高度的关注，防止学术管理日益走向行政化的发展路途，否则将来甚至会丧失"忽悠"的权力，更遑论拥有给予反击的力量。

在日本社会治理中，惯常地运用模糊原则。比如，教育以素质和能力为标准，模糊学历的高低；教授的评聘以大学自主为原则，且以科研能力为主，同样也模糊学历的问题，以致日本大学存在众多本科学历的著名教授和博士生导师。日本政治也存在模糊原则，比如政治制度实质上为一党制，名义上为两党制，表面上为多党制。归根结底，充其量为君主立宪制。日本其他社会制度也尽显模糊原则，比如实施年薪制。日本社会生活同样也采取模糊原则，比如存在大量的百元店，其中商品丰富，但无论何种商品，标价皆为105日元，其中5%为消费税。日本社会治理和生活还存在大量不模糊处理的方面，比如明定电车费、职后奖金制度，以及请客时各自支付的习惯，即AA制。由上可知，在日本社会中，何种事情可以模糊处理，何种事情不可以实行模糊原则，其中存在区分的对待，并非无准则的决定。在社会福利待遇方面，中国可以学习和借鉴日本的有益经验，比如尽量地缩小职种收入的差距，政策性地改善艰苦行业从业者的待遇与地位，以及减少影响职工待遇的诸多因素，实行明定的年薪制度；在生活用品市场方面，也可以推行诸如5元店或10元店之类，方便经营中的各种工序；在消费税征收方面，也可以做到明码标价和透明操作，减少腐败产生的"机遇"，从而建成"阳光"社会。

中国经济以出口拉动为主要的模式，美国次贷危机引发全球性的金融危机，并延祸至经济实体之际，中国社会和经济走上出口拉动与促进内需的发展道路，这也应成为中国社会内部提升产品质量的重要契机，而食品质量是关系到中国人饮食的大问题。过去以出口拉动经济的发展模式呈现出一种怪现状，即"优质食品出口给外国人吃，相对劣质食品卖给中国人"，应给予必要的纠正。日本在扶助本国产品消费问题上就做得相当出色，集中表现在：其一，支持民族企业在日本国内的发展。日本也存在外国企业，但就饮食行业而言，大多不为日本人所喜好，比如大量华商饮食业只能以华人为主要的对象，像横滨的中华饮食业，也大多为日本人自己经营的企业。其二，日本人支持本国制造的产品，并维护日本制造产品的高价位与高品质。日本人对本国制造产品的质量具有信心，日本制造的食品明显地要比进口的商品昂贵，即使欧美国家制造的商品也不能与日本制造的商品相比，而且日本企业存在不成文的做法，就是将最好质量的产品首先提供日本的内部，而相对较次的产品才出口，而出口中国的产品是次中之次，但都还是以日本制造为品牌，达到维持商品高价位的营销目标。2007年出现日本产大米在中国卖出天价，价位高于日本国内的同位次产品10倍以上，其中利用了中国消费者的崇洋媚外心理，大取在华产品销售的利润。而中国则正好相反，好产品首先出口供应外国，甚至某种类型的产品只销往外国市场，在中国市场上难以见到，以致回流中国仍以高价格出售，中国民众则只能消费质量相对较次的产品。同时，外国商店也大举进军中国，比如日本的华堂商场。服务型的外资企业大多销售中国本地制造的商品，产品的质量则比邻近中国的内资商场要优，并高价位地卖给中国消费者，赚取高额的利润，同时挤垮中国的内地商场。北京大兴华堂商场就曾经挤垮或削弱附近小白羊和物美两家内资商场，而在附近处于独占（垄断）地位，然后再次提高商品价格，从而形成垄断经营，赚取超额利润，这就是中国服务业所存在的经营现状。

中国政府应进行更为严格的规制，制止这样优质产品供应出口、劣质产品供应国人的社会现状，而将优质产品留在国内市场，改善中国内资商场的经营模式，提供更为优质的服务，这样才能真正地提高内需的品位与层级，而不是促进劣质商品市场的繁荣，特别是应将安全的食品最大程度上地提供给广大的中国民众，而不是尽量地提供外国市场。中国传统道德中的待人接物并未说要优外劣内，也未说内刚外柔，更未说飞机可以为外国人延迟、火车可以为日本人临时停站。现在已到该检讨的时候，否则中国人永远不会有尊严，以及不会有成熟的民族心态，中国社会和经济的繁荣也就会成为真正的梦想，中华民族的崛起也难以获取最终的实现，因为就连维护中国人最基本的尊严都做不到。中国政府和社会应进行严肃地反省与自问，这是不是"人民为大"和"执政为民"，是否做到爱国与亲民。要做好上述方面，最基本的应以提升国内商品质量和做好民族内资企业为始端。

观看NHK电视节目，讨论日本社会中老龄人的孤独问题。节目从孤独者亡故之后的遗品处理问题出发，摄录几名孤独死者遗品处理的现场。日本遗品的处理由专门的业务部门负责，贵重的物件一般交由亲属处理，其他的物件全部由遗品处理公司负责，这样公司化的运作存在某些益处：公司对遗品处理的态度表现得很认真严肃，采取每件必录在案的原则；公司对遗品进行分类处理，垃圾遗品转运至专门地点，进行统一处理，并注意到卫生安全的问题，避免疾病感染和病菌传染，而可以重复利用的物件则分箱打包，进行统一消毒处理；公司对遗品中具有纪念意义或信函之类，统一收集清理，交由亲属负责最后的清理并决定取舍，相当符合人情化的原则；公司清理出的图书、字画和艺术品之类，也由亲属最后取舍之后，统一、定点进行最后的处理，并尽量地做到重复使用和收藏；公司对遗品中的贵重物件，比如存折等，转交亲属处理；公司人员按原则办事，依据亲属的要求办理，从而减少亲属的各种忧虑和心灵痛苦。由此出发，节目还提出日本社会中的孤独群体及其心理安抚问题。节目中穿插部分60—90岁的男女老龄者，居民社区组织支援社团进行心理辅导和家庭走访的场景，以及福利场所中老年人之间情感和心理的交流与抚慰，并提出加快解决日本社会中老龄者孤独问题的办法，即加强老龄者之间的情感沟通和心理抚慰，组织社区老龄孤独者集体外出活动，利用社会福利设施，作为老龄孤独者的生活和交流场所，以及组成社区老龄孤独者支援性的民间互助团体，而实行诸种措施的目的就在于减少老龄者的孤独死，即解决日本老龄者孤独的社会问题。

对日本电视媒体，如下两点值得关注：其一，政客的报道大多是政治上的议论。日本实行所谓的多党制度，而且是以自民党和民主党为主要政党。战后由自民党长期执政，但在众参两院政题论议上，各政党都有代表参加，代表本党利益参与陈言，并就相关政策质询首相及其内阁成员。日本电视媒体通常进行全程直播，借以扩大民众知情范围，并对政党政治和政府治理实施监督。但日本电视媒体较少关注政府官员的政治和外交活动，一般是在正点新闻中一带而过，而更为关注政府阁僚的"茶色"新闻。比如麻生担任首相之后，多次邀请内阁成员到酒坊吃酒，内阁成员突发性地爆出何种丑闻，以及麻生支持率的调查已降至18%等。由上可知，实质上电视新闻已成为日本政府监督中的重要舆情力量，从而有力地牵制政府的违规或不法行为，起到较好地舆论引导与监督效果。其二，详细或片段性报道社会的生活细节、平凡琐事和具体人物，特别是关注各行业奉献的社会片段，以及日本人最美的人生瞬间，包括饮食制作、建筑工地、行业经营、职员派遣和人生话题等，以及报道某些负面的社会新闻，比如杀人与自杀、放火与抢劫、痴迷与强奸，以及食品污染和交通事故等，既体现出弘扬社会生活中的美好面，也揭示社会生活中的阴暗面。从上述方面来看，中国电视媒体应以日本的有益经验为借鉴，应将关注点投射到各行业奉献的社会片段，以及最美的人生瞬间，而且还可以报道社会生活中的负面信息，借以提供必要的社会启迪与警示作用。

附录 I

日本文化论议：基于中国的视角

在东亚文明漫长的发展进程中，中华大地孕育出悠久的人类文明，由北部黄河流域到南部长江和珠江流域，形成人类文明史中重要的文明形态，即在世界文明中自古及今唯一持续存在的中华文明，犹如扶摇直上且志在千里的鲲鹏，翱翔于四海之上，由此演变为龙的传说，故而我们都成为了龙的传人。这就是中华文明的初始之态，即龙的图腾。正如任何种类的人类文明，中华文明也经历了孕育、形成和发展的过程，即龙的图腾也存在极为复杂的演变过程，由自然万物崇拜升华为图腾崇拜，这是人类文明进程中重大的跃升，由此出发产生诸多更为丰富的文明内涵。在不同文明接触过程中产生交互性的影响与作用，由此导致产生不同文明之间的对话与交流。

在世纪之初，中华文明与位于南亚次大陆的古印度佛教进行过较为深刻的交互过程，由此产生了中国的佛教，即经历了佛教中国化（本土化）的变迁过程，并扩展了佛教在东亚的影响力，即由青藏高原、中华腹心地带、蒙古草原，波及朝鲜半岛和日本列岛，佛教东传充分地反映出不同文明之间交流与传播的变迁过程。日本文化属于中华文明的重要分支，位居中华文明（形如鲲鹏）之翼，而朝鲜半岛则是中日文化的交流桥梁（即"半岛之桥"）。虽然日本文化的黎明是由多种因素促成的，但朝鲜半岛无疑因其存在地利之便，担当起东亚文化发展中的中介角色，成为中华文化（大陆文化，或中原文化）与日本文化之间的交流桥梁。中华文明播及日本列岛，经历了较为复杂的发展过程。在此文明交流与传播中，日本列岛也进行了文化内涵上复杂的筛选与接收过程，并形成了崭新的文化形态，即日本文化，从而丰富了东亚文明的内涵。近代以来，随着"西学东渐"的发展，近代西方宗教和科技文明开始东来，影响与流播于日本列岛和东亚大陆，由此导致产生更大范围内、不同文明之间的交互作用过程，此即东西方近代化中的文化交互过程，由此也产生东亚文明中的悖逆因素，从而在东亚近代化中出现悖逆型的日本文化，此即日本型文化。在这样文化的影响与作用下，明治日本社会出现了否定东亚文化的思潮，并奉行"脱亚入欧"的政策，由此也就加剧了东亚文明中日本文化与中华文化的分化，即出现日本文化的近代转型，日本文化的杂种性特征也由此更为鲜明地呈现出来。

毫无疑问，在东西方文明交互作用的过程中，日本文化比中华文化的近代转型表现得更为迅速与有效，并逐渐形成对中华文化的比较优势，从而由东亚文化的边缘进入中心，这就实现了东亚文化中心的转移过程。但历史形成的东亚文明中心仍存在于中原的腹心，即广袤的中华大地。日本文化具有较为复杂的孕育、成型和转换过程，这也正反映出日本民族性的形成与发展，以及日本社会的变迁过程，并深刻地影响到日本教育等领域的发展，从而导致其成为观察、分析和思考日本相关问题的重要视角与关键因素。

鲲鹏之翼

"鲲鹏"源自庄子著述的《逍遥游》，其中有称"鲲鹏"者，扶摇而上几万里，意境深邃高远。庄子系与孔孟并列的思想家，然而思想境界显然要比孔孟更为豁达飘逸，志向和思维绝没有受到当时认识和现实的牵绊，表现为由"鲲"而"鹏"，似有进化的思想。依近代中国人的联想，庄子有可能是世界上首位提出进化论者，当然这只是戏谑的言辞。但中华文化深妙难测，如此绝妙的文字能结合起来，确实体现出中华文化的纯厚与精美。在中华文化的变迁过程中，图腾文化绵延不绝，对象由最初的自然万物延展至想象之物，乃至现今中国人都成为了龙的传人。龙的形象正是自然事物的化身，体现出中国图腾文化由单纯感性的自然事物发展到富有思维联想的意念之物。龙的形象综合了自然界中的万物灵性，表现为既能入海捉鳖，又能上天揽月。由此可见，中国图腾文化也经历了思维成长的漫长过程。

在中国首都北京人民大会堂的西侧，巍然地矗立着一处大型的建筑，名称为国家大剧院，这已成为现代中国文化成长的重要处所，而媒体戏称为"巨蛋"，原因在于整个剧院从外形上看，极像"超级蛋"，这样的建筑造型或许存在传统中华文化的基因设计。北京奥运会（2008）前夕，中国首都涌现出数个超级项目：其一，鸟巢。这是为北京奥运会开闭幕式和某些体育项目设计的建筑设施，形状极像巨型的"鸟巢"，故获此名。其二，水立方。这是为北京奥运会水上项目特殊设计的比赛场馆，外形设计出大量的形似水泡，其状为巨大的立方体，故名"水立方"。其三，首都国际机场三期。这已成为国际知名的大型航空港区，建筑设施形似巨龙腾空之态，轻盈而飘逸，体现出中国设计者和建设者的想象力。其四，中央电视台大楼。造型奇特、形似裤衩，因此媒体戏称为"大裤衩"，其实暗隐开放的意涵。综观上述中国现代建筑艺术的创意与造型，鲜明地体现出中华文化中的传统基因，因此是中国文化传统基因与现代建筑艺术形式的完美结合，展现出豪气、开放和包容的时代特色与民族气质，既有"鲲鹏万里"的气势，亦现"蛟龙入海"和"健龙腾空"的神韵，体现出当代中国的时代精神，并与中华文化的传统基因有机地融合了起来。

汉字是中华文明的载体，也是中华文化的重要体现形式。汉字是象形文字的类型，起步于形象的刻画符号，远古时期这种符号往往与自然崇拜存在非常紧密的关联。图腾崇拜是远古时期崇拜文化的组成部分，刻画图腾则是远古时代这种思维符号的典型。中国文字（汉字）就是从最初的刻画图腾开始。从自然万物到形成象形文字，经过一系列文字进化与变迁的过程，从而形成汉字的文化形式，并创新出中华文化的重要内涵。汉字出现之后，经过一系列艺术变形的过程，出现了汉字的不同体形，比如产生篆书、隶书、楷书和草书等书写艺术形式，这就极大地促进了汉字文化和艺术的发展，从而丰富了中华文化的内涵，提升了艺术的程度，增进了中华文明的软实力。

但中华文明的外播并非完全只依赖这样的软实力。从更为重要的方面来讲，硬实力也是中华文明外播的重要促进因素，其中包括传统中国科学技术的创新水平，以及一整套的社会治理制度模式。科学技术的阶段发展是社会历史发展阶段划分的根本标准。马克思主义理论强调，"生产力决定生产关系"，"经济基础决定上层建筑"，并特别强调"生产力中也包括科学"。邓小平也指出，"科学技术是生产力，而且是第一生产力"。传统中国创造了相对高度发达的科学技术水平，在世界范围内存在科技创新上的比较优势，因而创造出比较发达的物质和精神文明成就，以及一整套富有中华传统特色的社会治理制度模式，并成为中华文明外播的重要物质和制度因素。英国著名中国科技史研究专家李约瑟强调，传统中国创造出高度发达的科技文明，在世界范围内形成了科技创新上的比较优势，这样的历史贡献不容抹杀。李约瑟著《中国科学技术史》系列现已成为分析和研究传统中国科学技术创新成就的重要经典文献，并已翻译成中文版本，成为当代中国人认识古代祖先科技创新的重要借鉴。

由于存在硬软实力上的比较优势，中华文明在较长时期内占据了东亚文化的中心位置，并逐渐地形成了"汉字文化圈"。实质上而言，"汉字文化圈"只是传统中国的软实力在东亚所产生影响与作用的描述，并不能概括中华文明外播的全部内容。因为更为重要的还是硬实力的外播，这是具有决定性的影响与作用因素。"汉字文化圈"的主体地域包括中国大陆及港澳台地区、朝鲜半岛（朝鲜和韩国），以及日本列岛（虾夷、本岛和琉球），延及中国周边华人集中居住的地域，比如新加坡等东南亚地域。"汉字文化圈"的现实形态包括两种类型：其一，完整地使用汉字文化系统。汉字在形成与发展的过程中，由字成句而成段，最终形成文，并出现一整套的汉语文法体系，从而创立起中华文明中有文字记载的历史。中国大陆及港澳台地区，以及华人居住地域（比如新加坡）采取的是使用完整汉字文化系统（虽然新加坡是多语种选择的国家）。汉字文化系统中包括传统中国的文明载体，即卷帙浩繁的典籍文献，这是构成汉字文化系统内涵的重要组成部分。其二，借助使用部分的汉字形式。"汉字文化圈"的形成过程也体现出中华文明外播的重要缺陷，即受传统中国思维模式的严重影响，即主动地进行文明扩展的动力不足。俗话说，"父母在，不远游"，从而造成中华文明呈现出传统封闭的特征，以及中华文明外播存在被动的色彩，外部地域则呈现出积极和主动的情势，比如日本在历史中多次遣使和主动朝贡。在借助使用部分汉字形式的方面，比较典型的就是朝鲜半岛（朝鲜和韩国）和日本列岛（虾夷、本岛和琉球）。

"汉字文化圈"的形成还离不开传统中国科技创新中的造纸和印刷技术发展成就。传统中国创造了具有比较优势的科技成就，其中具有典型意义的就是四大发明：造纸、火药、指南针（罗盘）和印刷术，而造纸和印刷术都与文字记载历史存在关联，这也是"汉字文化圈"形成重要的技术基础与支持力量，以及硬实力的体现形式。由此可见，传统中国科技成就的硬实力对具有软实力表征的中华文明外播存在技术性和物质性的重要支撑，这是基础性的重要条件。另外，不容忽视的还有传统社会治理制度模式在中华文明外播过程中的重要作用。传统中国经历了从远古文明发端，经过春秋战国时期的文化繁荣和文明增进，至秦汉时期形成了具有传统中国特色的社会治理制度模式。这是由当时社会生产力和经济基础所提供，以及科技发展水平和社会经济及物质基础所决定的结果。基本制度模式即体现为中央集权的专制特征，即官僚治理机制，反映在社会治理手段方面则集中表现为实行郡县制和封建制，这也体现出传统中国当时处于农业经济社会的阶段特征。但这样的社会治理制度模式在当时世界还大多处于奴隶制社会时，具有制度性上的比较优势，并且还存在改进传统中国社会治理制度模式的余地，比如唐代实行"租庸调制"，宋代推行"王安石改革"，以及明代张居正制定"一条鞭法"。列宁曾经称赞"王安石改革"具有国际性的典范意义。传统中国社会治理制度模式的比较优势对中华文明外播起到了重要的历史作用，并作为制度文化成为中华文明外播的重要内容，比如唐代"租庸调制"对日本"大化改新"产生了重要的影响与作用。日本仿照唐朝制度体系，建立起具有时代意义的封建社会治理制度模式。

就中华文明外播中的软实力而言，"汉字文化圈"也只是比较具有典型的方面，另外也存在其他方面。传统中国工艺和艺术形式的外播史实也充分地证实了这一点，比如书法、绘画、丝绸工艺和唐三彩（陶瓷），以至从西方角度而言陶瓷成为了中国的代称。英文称中国为China，其中就有瓷器之国的含义。当然这与近代日本称中国为"支那"的含义存在本质区别。由此也表明，中华文明的外播并不局限于东亚范围，而具有世界性的影响力。东西方文明交流史中的"丝绸之路"是具有典型性的例证。明清之际的西方传教士将传统中国的科举制度推介到西方，以致形成西方文官制度。由上可知，传统中华文化具有世界性的影响与作用，从而对世界文明的发展做出了重大的历史贡献。

佛教东传

论及日本文化与中华文化之间的关系，不能不谈到佛教东传的历史。佛教起源于南亚的古印度半岛，现在多将此地域形成的古代文明称为古印度文明。由于历史文化的交互影响与作用，印度半岛还存在伊斯兰文明。目前古印度文明已为近现代的印度文明所取代，并与伊斯兰文明一起构成了南亚印度半岛上现存文明的主体形态，代表性的国家是印度和巴基斯坦。古印度文明的核心是佛教文化，佛教是古老的文化形态。因此，在喜马拉雅山脉的两侧，存在两种具有影响力的古代文明形态：中华文明和古印度文明，而且还各自具有特色。从文化方面而言，中华文明以儒家文化为主体，主要的文化气质是以出世的精神做入世的事情，因此具有入世的特征，同时也体现出中华文明的主体部分，即儒家文化所具有的"两面性"气质，这正是日本文化发挥到极致的方面。古印度文明以佛教文化为主体，主要的文化气质是体现为出世的精神，宣扬消极避世的人生态度，但也并非绝对的信念。在古印度文明发展进程中，佛教文化逐渐地消失，代之而起的是同样渊源于古印度婆罗门教的印度教，其中吸纳了佛教的某些思想，也体现出古印度文明中的出世精神，但却具有了时代性的发展特征。印度在近代化过程中，经历过英国长期的殖民统治，东印度公司就是英国殖民统治印度的重要机构和历史符号。在印度争取民族独立和解放的过程中，信奉印度教的民族英雄甘地，采取非暴力、不合作的斗争策略，明显地以出世的精神在做入世的事情。由上可知，中华文明与印度文明在文化气质方面既存在明显的差异性，同时也存在一定的共同性，并且在特定的历史阶段，两种文明形态的共性就会产生交互的影响与作用。因此，传统中国与印度在文明形态特征方面具有一定的相容性，当然这也存在历史上的实证，其实佛教东传就是传统中印文化存在交融的典型例证。

佛教产生于公元前5世纪的古印度半岛。在产生之初，主要在喜马拉雅的南部地域发展，并逐步地向东西南方向扩展。在公元前3世纪，达到中国史书中称为甘南的地方，即现今阿富汗、伊朗和中亚地区的周边。在公元前1世纪，广泛地影响到西域，并传播到中国西部的敦煌，这是古印度佛教文化传入中国腹地的标志地点。在1世纪，中国正处于汉代，当时的都城位于长安（现今陕西省西安市），古印度佛教文化开始较大规模地传入，并逐步地扩散开来，现今留存的云岗石窟文化和龙门石窟文化就是佛教东传中国的典型实证。古印度佛教东传中国，还存在另外的线路，即通过喜马拉雅山口进入中国青藏高原，并由此形成具有较大影响的藏传佛教，对中国藏民族的个性形成产生较大的影响与作用。古印度佛教传入中国之后，经历文化接受和融合复杂的本土化过程，逐渐地形成具有中国特色的寺院文化，虽然秉持古印度佛教文化的传统，比如读经、参禅和僧戒，但同时也渗入大量中华文化的元素，比如习武，少林寺就是具有典型性的例证，体现出传统中华文化的精神与气质。在这一点上，日本发挥到了极致的程度，以致产生武士道精神。在4世纪，中国寺院文化（佛教文化）由陆路和海陆双向传入朝鲜半岛，并在6世纪前后传入日本列岛。

佛教文化对中国传统教育的影响与作用就是形成了书院制度，这是封建时代具有中国特色的教育制度形式。中国书院教育多为私学形式，依山川秀美之地，由达官贵人、地方官府和乡土绅商捐资兴建，以供学者作为传经授业和学术论辩的场所。但由于中国历代对书院教育政策存在变化，后来书院教育日益出现官学化的转型过程，逐渐地成为科举考试的附庸机构，并且原先具有的讲座和论辩形式也出现变化。在近代新式教育确立时期，实施改书院为学堂的政策，传统书院教育最终画上休止符。但书院教育在中国教育史中具有非常重要的地位，对现代中国教育的发展也产生了相当重要的影响与作用，以致毛泽东在办理湖南自修大学时，还强调参仿古代书院的制度形式。由此可见，书院制度具有现代启示与借鉴的意义。中国书院教育也对日本产生过较为重要的影响与作用。在中世纪封建时代，特别是江户时期，日本形成寺子屋教育的形式，体现出中华佛教文化与书院制度对日本教育的影响与作用。

佛教东传进入中国之后，对中国社会产生重要影响的方面就是上述所提到的，形成了中国特色的寺院文化和书院制度，这是从比较宏观层面上讲的。其实佛教文化在中国社会中经历相当复杂的本土改造过程，比如中国寺院佛像已与古印度佛像存在差异，即赋予中国人的烙印。相传在唐代武则天执政时期，曾将其形象融入佛像形态的塑造与制作，这种佛像造型上的变化存在史实的证据。特别值得关注的是，佛教文化传入中国之后，佛教产生各种不同的教派，秉持不同的教义，但都统合在佛教经典教义之中。教派的出现就是佛教东来经过本土化之后所带来的结果，以至在唐代出现玄奘大师西天取经的事迹，并成为著名小说《西游记》中的基本史实和人物原型，在中印文化交流中产生较大的影响与作用。同时在中国寺院文化中，还出现了武术文化，并分化出武僧，这也是佛教东来之后所出现的新现象，体现出佛教文化在中国的本土化过程。

在中国寺院文化通过朝鲜"半岛之桥"传入日本列岛的过程中，其实也经历过本土化的发展过程。此过程在朝鲜半岛上存在，在日本列岛上也存在，而且后者在特色上表现得更为鲜明，并出现具有本质性的发展与变化，形成日本社会和文化中的刀剑文化与武士道精神，并与神道教相结合起来，赋予具有日本社会和文化特色的制度形式。佛教东来形成了中国的寺院文化，然后经过朝鲜"半岛之桥"传入日本列岛，从而形成日本的寺院文化。它与中国的寺院文化相比，又存在本质上的差异。日本的寺院文化对其社会的发展产生重要的影响与作用，主要体现在：中国的寺院文化在本土化中融入了武术文化，传入列岛之后促进了日本寺院文化的发展，并导致日本社会出现武家和武士团，进而产生武士道精神，而且日本的寺院文化淡化了对佛教教义的恪守，更加注重入世的精神，以致僧人和尼姑可以结婚生子与吃荤食，还可以参与世事，比如成为电视台的主持人。中国的寺院文化基本上还处于文教影响社会的层次，主要是通过佛教（或教派）教义和书院教育对中国社会产生有限的影响与作用，而且还受到历代政府文教政策的影响与作用，并未上升到国家"正统"思想的地位，因为儒家文化在中国多数朝代具有难以撼动的"正统"地位。但中国的寺院文化传入日本列岛之后，逐步地上升到日本的国家政治层面，并与神道教相结合，成为日本政治和宗教文化的重要组成部分，而且逐渐地产生神社化的倾向，即寺院也成为了日本政治重要的场所和工具，还引发日本神道文化的发展，促进了神社的建立，由此形成处于日本社会中由神道教和武士道支撑的文化形态，以及天皇制度与幕府制度（现代以来的首相内阁制度）相结合的制度模式，即构建出具有日本社会和文化特色的制度模式。

综上所述,"佛教东传"对中华文明和东亚文明的发展具有非常重要的影响与作用。主要表现在:丰富了中华文明和东亚文明的内涵,带来了异域文明中崭新的思想、文化和艺术;增添了中华文明和东亚文明中的宗教文化形态,促进了各种本土宗教文化与佛教文化的交互影响与融合,促进了东亚宗教思想和文化的发展;创新了寺院教育模式、书院制度和寺子屋教育,推进了东亚各国教育事业的发展;对东亚各国的社会政治制度模式产生了重要的影响与作用,而日本在这一点上表现得更为明显。

日本文化的黎明

日本位于太平洋西部的离岸陆地、欧亚大陆东部的列岛之上。因此在社会历史发展中,日本形成了比较强烈的岛国特征。在传统农业经济时代,世界文明的发源地多出现在大河流域,比如东亚的黄河和长江流域、南亚的恒河流域、非洲的尼罗河流域,以及西亚的两河流域,日本列岛不具备产生先进早期文明形态的环境条件。进入近代工业化社会之后,世界文明的发展不再过度地依赖于自然环境与条件,而是依赖于先进科技和制度上的比较优势,因此近代文明则有可能在其他地域内,比如离岸岛屿之上,获取形成与发展。世界资本主义萌芽于意大利,此处地理环境与条件相对比较优越,特别是水上交通和商业发达,这为早期资本主义制度的产生提供了较为优良的环境与条件。此时欧洲诸国随着社会基础上的变化、思想上的解放,以及科技上的发展,引发了产业革命、宗教革命和社会革命等系列变化,建立起西方近代科技文明和资本主义制度模式。这给离陆岛国带来了文明发展上的重要契机,欧洲的英国和东亚的日本正是抓住这样的机遇期迅速地发展起来。当然无论是英国还是日本,以及其他近代以来比较发达的国家,其近代化的进程既表现出共同性,同时也具有差异性,在文化上也同样经历了不同的发展过程,表现出互存差异性的特征。

日本文化的黎明充分地体现出列岛文化孕育、发展与变化的复杂过程，及其所表现出的本质特征。

谈到日本文化的黎明，首先要弄清楚孕育和形成日本文化的基本要素，以及日本文化形成与发展的基本方式与路径。在传统农业经济时代，日本列岛属于比较贫瘠的地域，农业经济很不发达，日本人主要以渔业为生。其来源也多以漂流渔民为主要的成分，主要有四类地域来源：一是最北端由亚欧大陆东北部库页岛、堪察加半岛和千岛群岛一线以渔业为生的人群，主要到达"虾夷"，即现今日本所管辖的北海道，并形成具有特定表征的民族类型。二是经过朝鲜半岛或济州岛和对马岛，迁移至列岛的东亚人群，其中以朝鲜半岛（包括朝鲜和韩国）和中国东北部迁移人群为多数，并构成日本人的主体，因而朝鲜半岛成为了日本文化黎明之时的"半岛之桥"。以中华文明为主体的东亚文明主要就是通过"半岛之桥"，从而传播到日本列岛之上的。三是欧亚大陆的东南地域，包括中国东南部和东南亚诸国，比如菲律宾，以渔业为生的漂流民，主要受海洋性气候的影响，漂流到日本列岛，并成为日本人的构成人群。四是中国大陆和台湾地区的迁徙人群，以徐福东渡最为典型。第三部分、第四部分的日本人构成多分布在琉球群岛（近代之前的琉球王国，现今冲绳）与九州岛。

目前日本社会（包括政府和民间）声称，日本为大和民族。但实质上而言，现今日本已成为多民族的国家。2008年，还发生因政客否定"虾夷"（北海道）当地民族的存在，而遭到社会团体的激烈抗议，更不要说二战之前还处于独立状态的琉球。琉球文化具有不同于列岛文化的独特个性，并且更为显著地具有中华文化的特色，这是现今日本是多民族国家的实证。因此现今大和民族称呼有点像中华民族的意涵，实质上是对日本列岛（甚至包括琉球群岛）上各民族的统称，具有民族统合上的含义。

从上述对日本人和日本民族的构成分析来讲，日本文化的来源大致也分析得比较清楚。在传统农业经济时代，由于东亚文明的主体是中华文明，因此中华文明是日本文化最为主要的来源，而"半岛之桥"在日本文化的孕育、形成与发展中具有重要的中介作用。"半岛之桥"指的是在中华文明传入日本列岛的过程中，朝鲜半岛具有极为重要的桥梁与中介作用。朝鲜半岛处于亚洲大陆的东端，并与中国东北地区相连接，离中华文明的发祥地（黄河流域）和山东省比较临近，而且在历史发展中朝鲜半岛的部分地区还在中国王朝的统治或影响之下，并在日本侵犯朝鲜半岛时给予协力与帮助。比如，唐代安东都护府的管辖范围就包括朝鲜半岛的东北部地区；元代更是通过朝鲜半岛，试图实现对日本列岛的武力统一；明代协助朝鲜半岛政权，抗击日本对东亚大陆的入侵；清朝中日甲午战争发生的根由也在于对抗日本侵略朝鲜半岛和东亚大陆的意图。

在长期封建时代，由于中华文明在东亚处于比较优势的地位，周边的诸国定期朝贡，并接受中原政权的赏赐。在日本列岛之上，曾经发生两藩因争夺朝贡的权力而发生战争的历史事件。由此可见，中原政权在东亚诸国中占有主导的地位。朝鲜半岛正处于中原政权与列岛诸国之间的重要位置，因而在中华文明东播日本列岛的过程中，朝鲜半岛起到了重要的桥梁和中介作用。在日本文化的黎明时期，通过朝鲜半岛传入日本列岛的中华文明成果，大致可以划分为三大类别：一是物质文化，这类文化的传入主要是以商品（或产品）、科技和工艺等形式。在传统农业社会中，国际商业的贸易规模不大，但朝鲜半岛和日本列岛离东亚大陆比较近便，在当时较为发达中原政权的主导下，陆路和水路商业贸易都可以实现。比如，宋代、元代、明代的船舶制造和海上运输都较为繁荣，通往朝鲜半岛乃至日本列岛也并非困难的事情，何况还有天然的陆路交通。因此，以商品（或产品）进行物质文化的传入是重要形式，其中包括附着于商品（或产品）中的科技文化，以及以物质形式存在的工艺文化。二是制度文化，实质上集中体现为政治文化，当然也包括经济和文教制度等方面。但在以农业经济为主体的封建时代，诸种制度皆归于政治，比如唐代租庸调制度。三是精神文化，这类文化集中地体现在思想层面上，比如传统中国儒学、佛教和理学等学问，以及对日本神道教的出现存在影响与作用的中国道教和远古神话传说,还有兵学和武学等,当然还包含单纯的科技文化,以及具有丰富思想内涵的工艺文化。凡此诸种学问对日本文化的黎明起到重要的启蒙和促进作用。

上述某些内容既存在"半岛之桥"的路径,也存在直接传入日本列岛的路径。毕竟隋唐以来,日本通过遣使、商贸及人员的往来,已加强与传统中国的联系。但在长期农业经济占主导的时代,"半岛之桥"的历史价值与意义难以抹杀,比如水稻和制瓷技术,以及造纸和印刷技术传入,诸种物质、制度和精神文化都是通过"半岛之桥"的路径传入日本列岛。除了"半岛之桥"之外,中国与日本列岛直接的交往历史也比较久远。有史记载当追溯至秦汉时代,比如秦代徐福渡日,汉代光武帝授印,唐代鉴真东渡,以及明代朱舜水在日讲学,而从日本到中国的人员则更多,在隋唐时代则以遣使最为典型。日本文字则是在唐代依中国汉字形式创制而成的,因此从文化层面上讲,日本文字更具有中日文化交流中的代表性。当然,还存在大量图书文献和工艺美术等方面的文化交流史实。

在传统农业经济占主导的时代,中国与日本列岛之间存在极为密切的文化交流与联系,日本文化处于东亚文明的边缘地位,中华文化和朝鲜半岛上的诸国文化则对日本文化存在孕育与促生的作用。由上可见,中华文明对日本文化的黎明起到非常重要的影响与作用,而朝鲜半岛的文化又在中华文化东播日本列岛中,起到"半岛之桥"的重要中介作用。

日本传统文化的坐标

日本文化在黎明时期形成了文化传统,其中存在丰富的具体内涵,既存在于物质和制度层面,又存在于精神(或思想)层面。在物质层面上的文化随着时代的推移,或逐渐地流失或获取继承,经历着社会、历史和人为,甚至自然变化的筛选过程,在文化特征上存在感性化，比如现今日本社会存在大量的文化设施，其中大多数文化的标志物都可以看作具有物质层面上的文化含义。但物质层面上的文化往往同时又具有制度和精神层面上的文化内涵。制度层面上的文化内涵实质上是相当广泛的，主要包括政治、经济、商业、货币和文教等领域的制度与政策模式，这些都历史性地形成并沉淀下来，并具有典型性，往往通过政策文献、历史持续和具体实物等形式体现出来，而尤以政治和文教制度文化表现得最为突出。精神层面上的文化主要体现为思想层面上的内容，这是具有历史持续性的传统文化形式，集中体现在神道教、武士道和寺院文化等方面，可以称为日本传统文化的坐标。因此分析与探究日本传统文化多以此三项作为突破口，因为思想或精神层面上的文化总是通过一定物质和制度形式在社会历史中体现出来，并对现实社会和文化产生深刻的影响与作用。因此精神层面上的日本传统文化与东亚大陆文化存在紧密的关联，即都与中华传统文化存在较深的渊源关系，中华文化的基本要素对日本传统文化的孕育、形成和定型产生过历史性的重要影响与作用。

谈到日本传统文化中的神道教，必须联系到中国远古神话传说和中国本土孕育形成的道教文化，这是日本学者在分析与探究神道文化时较少提及的历史过程和基础性影响因素。其实这是日本近代以来强调文化本土性和民族性的体现。但神道文化的中国渊源却是难以从历史角度去抹杀的，恢复历史本真的面貌，才能真正透彻地分析与认清日本神道文化的精神之源、历史之根和思想之本，也才能从根本上诠释日本神道文化的本质特征。世界早期文明的孕育、形成和发展大多离不开远古时代的神话传说，中华文明在孕育、形成和发展过程中同样也经历了这样的过程，而远古神话传说也成为了中华传统文化中重要的组成部分，并具有恒久文化的影响与作用力量，为中华民族的凝聚力和文化发展提供了不竭的思想与精神动力，因此在中华文明发展中具有非常重要的意义。

东西方都有"创世说"。西方"创世说"强调自然的力量：在自然洪荒面前，人类和自然万物如何躲过浩劫而繁衍生息至今。东方

"创世说"则强调人定胜天，根本上是强调了人类的力量，以中国神话传说"开天辟地"为集中代表。但东西方"创世说"在一点上是共同的，即人类要依靠工具的手段与力量。西方"创世说"中的工具是船舶，从而使人类和万物渡尽劫波。东方"创世说"中的工具是巨斧或刀剑。由此看来，工具是人类获取存在的重要力量，而生产工具作为最基本的科学创造物，正是社会生产力的集中体现形式。因此从东西方"创世说"的情节也可以断定，马克思主义关于生产力和生产关系、经济基础和上层建筑之间关系的论述，具有真理性，科技创新是社会历史发展中最根本的动力。中国创世神话传说"开天辟地"流传至日本列岛，经过漫长的辗转与流播，逐渐地成为日本列岛所接受的东方"创世说"，从而为日本神道教的形成和发展产生了重要的影响与作用。

影响与作用于日本宗教文化的另一因素是中国本土孕育与形成的道教文化。中国道教文化塑造出各种天地鬼神，并存在祭祀的习俗。道教文化传到日本列岛之后，逐渐地与日本社会中的天神和海神崇拜相结合，从而出现了日本社会中的"原始神道"。由上可知，中国道教文化是日本"原始神道"形成与发展中的重要思想与理论来源。其实这从现实日本社会习俗和神道祭祀仪礼中可以窥见一斑。日本天皇祭祀最具有例证性。在日本传统文化中，天皇是人神共体，由"天孙"而改称日出之处的"天子"（出自隋炀帝时《日使书》），因而日本"皇室神道"更具有典型性。日本"皇室神道"注重三种神器：镜、剑和玺，而祭祀的对象主要是祖先和神灵。其实这与中国道教文化在精神上相契合。"皇室神道"祭祀出现之后，日本就建立了神祇制度，这是日本"神道国家化"的雏形，也为建立天皇制度提供了制度性的重要保障。天皇制度经历了天皇掌握统治权和祭祀权的"祭司王"，发展到明治维新之后掌握日本政治、军事和祭神权的"现人神"，继而发展到极致的程度，形成了军国主义的社会思潮，并进行大规模的势力扩张。战后昭和天皇发表"终战诏书"和"人间宣言"，从"现人神"变成了日本的国家象征，参与部分的国事行为和祭祀活动。但现代日本又出现新的思想变化，明治记忆在日本社会中沉渣泛起，天皇的权力也在逐渐增加，这也表明天皇制度在日本社会中还存在思想和文化上的基础地位。日本神道教经历复杂的发展与变迁过程，而且也存在比较复杂的内涵，不只包括天皇祭祀和天皇制度的内涵。比如近代日本产生了"民间神道"和"教派神道"，佛教寺院出现之后出现了"神佛合祀"，明治之后又形成了"国家神道"及其体制，大规模地建设与发展神社，并建立神职制度和神祇院，从而达到发展上的巅峰状态。

　　日本刀剑文化已有较长的发展历史，其中就存在中国传统创世神话的文化影响。在传统农业经济时代，日本文化的黎明基本上依赖于东亚大陆文化的输入，包括水稻种植、家畜饲养和造船技术，当然还包括造纸、印刷术和刀剑冶炼的技术。同时，还包括精神和制度层面上的文化输入，比如经典神话、宗教文化和社会制度。传统中国社会发展到隋唐时代，基本上达到中国封建时代的巅峰时期，社会政治、经济和文教等方面获取了前所未有的高度发展，中日之间直接性的交流日益增多。比如，日本先后向中国派出遣唐使达17次之多，前来学习中国的社会制度和精神文化，当然也带回大量的精美器物和图书文物，以及科学技术成果，并引发日本历史上著名的社会变革，史称"大化改新"，颁布了"班田法"，演变成为"律令制"国家。但由于日本社会内部存在深刻的矛盾与斗争，最终"律令制"逐步地走向解体，并形成日本社会中的武家。此阶层包括三类人群：贵族为护卫庄园而雇用的武士；因生活所迫而形成与贵族对峙的武士，以及依靠刀剑来维持生计的浪人。日本社会中的武家人群逐渐地集结，从而形成"武士团"，开设武士馆，并逐步地与幕府、贵族和庄园等社会要素相结合，成为日本社会中比较具有地位的阶层。随着武家阶层社会地位的变化，以及日本文化中传统的刀剑崇拜，就逐渐地产生武士道的精神。当然这也与日本文化黎明时舶来的传统中国经典神话和刀剑冶炼技术存在极为密切的联系。

　　在日本武士道中，既存在物质性的刀剑文化，又存在思想层面上的精神文化，并逐渐地与神道教的传统相融合，从而促使日本成为注重神道教和武士道的国家。从精神文化与制度文化之间的关联层面上讲，神道教对应的是天皇制度，而武士道对应的是幕府制度。从历史中的现实作用层面上讲，前者掌管日本社会中的宗教信仰，后者掌管日本历史与社会中的现实政治。当然，这是在幕府政治时期的情形。明治维新之后，天皇掌管日本社会中的宗教信仰、政治权力和军事权力，并通过首相内阁制，强化了天皇统治的权力，推行军国主义的思想和政策，并实施向东亚大陆扩张的战略。日本出现这样社会政略的深层原因在于神道教在明治时期实现了"国家化"，出现了"国家神道"，从而确立了天皇制度的主体地位，强化了天皇的社会权力与地位；武士道的精神朝向军国化方向发展，并与近代殖民主义相结合，从而导致日本最终制定侵略和殖民东亚的"大陆政策"，推进日本向东亚大陆的势力扩张战略。当然在现代分析与研究日本问题的专家中，也有人认为日本推行东亚扩张战略，存在当时复杂的社会经济和政治背景。应该说，这也是历史中的现实存在因素，比如爆发了席卷全球的1929年经济危机，以及日本面临西方列强侵略与殖民的危险。但上述外部因素并非就是主要因素，关键还是由于日本社会内部扩张势力的时代诉求。

日本势力和领土扩张并非始于1929年全球性经济危机之时，也并非是在遭受西方列强侵入和威胁情境中做出的决策，而是日本社会和统治集团所做出的长远战略与决策。依据在于：在"织丰"时代日本就已制订侵攻朝鲜半岛，并定都北京的军事计划，但因遭到中朝联军的成功反击和丰臣秀吉的病亡，这项战略计划才最终搁置起来；在实现日本列岛中心地域统一之后，日本持续地开展北部地域的开拓，最终吞并"虾夷"并成立北海道，纳入日本的版图；日本较早地就与中国争夺琉球控制权，由要求琉球双向（中日）朝贡，到禁止琉球向清朝朝贡，以致废藩置县，改称冲绳；"西南战争"结束之后，日本以保护琉球渔民（漂流民）为借口，谋划侵略中国台湾，发动对中国台湾地区（原隶属于福建省）的侵略。由上可知，日本社会存在一系列的侵略扩张战略，其实这也是由神道教和武士道的影响与作用结果。

谈到日本传统文化的坐标，还要谈到舶来的寺院文化及其本土化过程。前面已论述"佛教东传"的问题。这里主要讲佛教传入日本列岛之后，形成具有其本土特色的寺院文化，及其对日本传统文化所产生的影响与作用。日本寺院文化具有本土性的特色，集中表现在日本寺院文化与传统神道教趋于接近，即日本寺院文化的神道化，以及日本神道教的"神社化"，体现为日本寺院供奉的神灵出现了本土化的倾向，入世化的倾向比较明显；日本寺院文化日益增加了武士道的精神内容，由中国寺院文化中的武术文化发展到日本寺院文化中的武士道精神；由于天皇长期处于"现人神"的地位，因而日本社会中（明治之前）的较长时期存在"神佛合祀"的社会现象，表明神道教与舶来的佛教之间所存在的社会联系和统治关系；明治之后实行"神佛分离"的政策，日本社会中的民族意识增强，寺院文化日益"神社化"。战后日本国家神道及其体制解体，寺院文化又出现新的独立发展趋向。日本寺院文化的历史过程和地位状况表明，明治维新之后日本日益增强了对神道教和武士道的宣扬，而寺院文化日益成为日本社会中尚存的传统文化形态，并渗入了日本本土文化的意涵。但从现实精神文化层面上而言，寺院文化仍不失为日本传统文化中的重要坐标，具有文化上的重要价值与意义。

日本文化的近代化

日本文化由传统到近代发展的过程特征，基本上体现为明治时期的"和魂洋才"思想。但无论在内涵还是现实文化层面上，日本"和魂洋才"思想与中国"中体西用"思想都存在较为明显的差异，即前者强调要以西方文明来护卫日本的本土文化，而后者则强调"中学"的主体地位，而"西学"则处于辅助和次要的地位。由上可见，两种思想在内涵和输入策略上都存在较为显著的差别。

在近代社会实践层面上，日本"和魂洋才"思想还存在更为深层次上的文化跃升步骤，这是日本文化实现近代化的根本保证。集中体现在：一是在精神层次上，着力地提升本土文化的社会地位，由相对松散的神道教和武士道文化上升到国家层面上，建立"国家神道"的思想与意识形态，从而实现近代日本文化和社会精神（包括思想意识）朝着统一的方向发展，形成精神和文化领域上的集权局面，同时面对近代西方文化特别是基督教和科技文化的东来，由闭关自守发展到实施开国的政策，采取具有灵活性的妥协与开放态度。二是在物质层面上，采取吸纳近代西方科技文化和物质的发展成果，并加以热情模仿和深入研究，福泽谕吉等开明学者在其中发挥了重要的作用，从精神和思想等层面上推进了物质层次上接纳近代西方包括科技文化在内的文明成果，比如重视"兰学"，出版《解体新书》等西方科学著述，并积极和主动地向日本社会介绍近代西方科技成果和相关理论，从而推进日本物质文化的发展。三是在制度层面上，明治初期便向西方国家派出"岩仓使节团"（1871），以岩仓具视为首，包括多位明治维新中的高爵与功臣，比如木户孝允、大久保利通、伊藤博文和山口尚芳。中国人对伊藤博文非常熟悉，因为甲午海战之后他与李鸿章在下关谈判，最终在中国哈尔滨被朝鲜志士安重根刺杀而亡。"岩仓使节团"的出访历时三年，即1871—1873年，由横滨出发渡过太平洋到达美国，并一路东行经大西洋至欧洲诸国，然后经地中海、红海和印度洋回到日本列岛，广泛地考察西方社会、经济、科技、文教和政治等领域的近代状态与制度模式，特别是对近代西方的资本主义制度进行认真与细致的考察，比如参观西方诸国的国会论辩、司法审判、政府机构，以及学校和博物院，回来之后还提交《美欧回览实纪》，为日本建立近代资本主义的君主立宪政体，提供了极为重要的文本参考与经验借镜。

从文教层面上讲，明治日本政府采取了多种学习和借鉴近代西方科技文明，以及其他一切科学成果的步骤，集中体现在：1871年日本设置文部省，作为专门从事文教行政管理的特定机构，对日本的学校教育、社会教育和文化机构，乃至科学研究和体育等领域，实施行政管理，当然诸多职权是逐步赋予的，而并非1871年同时赋予的；1872年参照法国大学区的管理模式，建立学区并颁布《学制》，这是日本首部近代学校教育制度，具有重要的现实价值与历史意义，《学制》颁布之后日本又相继制定各类《学校令》，规范各级类学校的教育教学活动，从而促进了日本学校教育系统的成型；颁布《教育敕语》，将"国家神道"的思想和体制延伸至学校，从而增强本土文化意识及其社会影响，以及对日本国民精神(包括思想意识)的控制；积极地派遣游学生到欧美各国，广泛地学习和吸收西方近代先进的技术工艺、社会科学与人文知识，特别注重西方近代先进的科技和海军，培养掌握西方科技知识和海军操作技能的人才，积极地为拓展海军而战略储备各类专门人才；开放女子教育，广泛地开发全体国民的智慧与能力，抛弃传统封闭和锁国思唯，推进符合近代国际环境特色的开放模式，并开展女子游学教育；实施"脱亚入欧"的政策，摆脱东亚传统观念的束缚，努力地融入西方资本主义世界，加强日本社会和文化等领域与西方资本主义国家之间的联系和交流，尽力地吸纳西方近代先进的科技文明成果；推进"远交近攻"的战略，巩固对北部领土的权益和南部琉球的控制，并有针对性地对清末中国及存在利益冲突的俄罗斯发出挑战，在实践层面上借鉴西方侵略和殖民路线，重拾织丰时代的"大陆政策"，从而进一步地拓展日本发展的战略空间与既得利益。

综上所述，在推进文化近代化的过程中，日本不仅积极地吸纳西方近代先进的文明成果，而且在东亚积极地实施侵略和殖民路线，从而推进军国主义思想和文化的发展，并把日本"国家神道"的文化及其体制推向新的发展巅峰，中国应深入认识并吸取日本近代化中的经验与教训。

日本文化的近代化不仅仅表现为学习和吸纳西方近代先进的科技文明成果，而且还表现为对西方基督教文化的接纳，以及对传统中华文化的否定与摒弃，进而在维护列岛本土文化的基础上，大肆地悖逆和攻击传统中华文化，从而出现日本近代歧视传统中华文化的社会现象，并在文化近代化中以西方文化自居，以及以侵略和劫掠的方式傲视中国，摧残传统中华文化，破坏和搜刮中华典籍与文物，包括诸多存世经典和图书文物，从而加重了近代中国的文化劫难。在对西方基督教文化的接纳方面，日本参鉴中国鸦片战争失败的历史经验，采取妥协和接受的态度，虽然在闭关锁国时代曾经拒绝过，由于日本接受了西方基督教文化，从而对清末中国造成较大的外部压力，同时西方宗教人士利用日本列岛的"桥头堡"，以跟进式或先行的方式，随同西方列强的侵略和殖民步伐，大规模地侵入中国，从而给传统中华文化和中国教育的近代变迁带来深刻的影响与作用。接纳了西方基督教文化之后，基督教堂在日本列岛上获取了迅猛发展，为日本宗教文化注入了新的西方因素。但西方基督教文化并未撼动日本"国家神道"的主体地位，因为近代日本"国家神道"存在体制性和制度性的坚实保障。

日本文化的近代化与中国文化浩劫是相联系的，这是必须提及的历史事实，也是认识和理解日本文化由东亚文化边缘走向中心的基本方面。但这并非全部，关键还在于日本文化近代化中存在值得关注的其他方面：在走向近代初期日本就实施了"国家神道"体制，从而确立了神道教在日本社会和文化中的主体地位，从而掌控了日本国民的精神世界，《教育敕语》的颁布更深化了这样"国家神道"的神圣不可动摇地位，保证了西方基督教文化输入之后，不至于对日本社会和国民产生较大的精神刺激与实质影响；日本在近代化中吸收近代中国的经验与教训，采取主动、积极和妥协的灵活策略，既认清了西方世界的实际情形，同时也保护了日本社会和文化的根本底线，实质上是将西方文化东来的冲击力降至最低的限度；在对待东西方文化的态度与策略中，日本明显地选取了第三者的身份，宣布实施"脱亚入欧"的政策，从而将西方文化的压力转嫁到清末中国，并伙同西方殖民者，参与对东方诸国的侵略和殖民活动，实质上采取了文化上的悖逆行为，上述方面在日本文化近代化中存在极为鲜明的具体体现；日本神道教和武士道相结合的近代"国家神道"及其体制，实质上也有对抗西方文化冲击的方面,并将对抗与吸纳相结合,从而保证了日本社会和文化走向近代化的过程,同时日本还将这样的力量由对抗西方文化冲击转移至对东亚其他文化的劫掠,参与对东亚文化的破坏与掠夺,体现出日本在走向近代化中的岛国根性与民族自利性,这也是日本文化近代化中的重要方面。

由上可知,日本文化近代化的某些经验值得中国借鉴与吸收,比如确保本土文化的主体地位及其体制;在对西方近代先进科技文明的接纳态度上体现出的开放心态与精神,以及在处理西方文化东来问题上采取的灵活策略。当然,还存在值得中国注意的问题,比如在日本文化近代化中对东亚文化所存在的悖逆特征,需要对此深化认识并吸取历史经验与教训,其实这也是中国社会和文化走向现代化进程中所需要面对的重要战略课题。

日本文化的论理

中国是东亚文明的中心,这里存在不容置疑的史实根据可以检证。渊源于黄河和长江流域的中华文明,是构成东亚文明的主体。在长期孕育、形成和发展的过程中,中华文明逐渐地超越东亚的地域范围,外播到欧亚大陆,甚至世界更为广泛的地域,从而促使中华文明具有了世界性的意义。中华文化是构成中华文明的主体部分,曾经高度发达。从春秋战国时期所形成的"百家争鸣"局面,到秦汉时期所建立的中央集权制统一国家,以致唐宋元明清历代深化与发展,中华文化逐步地成为人类历史进程中辉煌灿烂的文化类型,并在漫长的封建时代达到世界文化的顶峰,成为世界的封建文化之都。因此在漫长的社会发展中以至清末之前,中华文化始终处于世界文化的发展前端,毫无疑义地占据东亚文化的中心地位,包括日本列岛在内的东亚各地域,都无法撼动这样的文化史实。

在东西方文明交互的进程中,处于比较优势地位的中华文明(物化为商品和各类精神遗产）积极和主动地开展与西方文明之间的对话，古代"丝绸之路"就是东西方文明对话的典型证据。古代"丝绸之路"是漫长历史中的文明对话通道，在东西方文明对话中具有极为重要的地位与作用。从秦汉时代大规模地开拓，到唐宋元明清时期异常活跃地表现，极大地促进了东西方文明之间的交流。比如，号称中国"四大发明"的造纸术、火药、指南针（罗盘）和印刷术，就是通过"丝绸之路"传入中西亚，继而远播欧洲，对西方文明的成长和近代化都具有非常重要的影响与作用。通过"丝绸之路"等渠道，东西方商品的货物交易日益频繁，规模也不断地扩大，而且交流的通道也获得拓展，包括出现海河运输的通道。明代"郑和下西洋"更成为东西方文明对话中的伟大壮举，标志东西方人员和物资所进行大规模的交流已成为事实。

实现"环球航行"之后，西方进入"大航海时代"。伴随宗教文化的扩散，以及"殖民浪潮"的掀起，西方突破对东方繁荣和文明的遐想，举步前来东方，寻求财富和探询虚实。从明清之际开始，进入资本主义时代的西方，开始窥测东方，西方传教士成为首批前来东方的先锋，并引发东西方文明交流中的"西学东渐"过程。在东西方文明交流——"西学东渐"扩大初期，其实包含着另一层逆向的文明传播过程，即西方传教士将依然发达的东方文化传播至欧洲，以至17—18世纪，西方还掀起东方文化的热潮，并对西方近代文明的发展起到促进的作用。比如，莱布尼茨通过与赴东方传教士之间的对话，从丰富的东方文明中汲取知识与营养，从而做出科学上的杰出贡献。因此，在西方进入资本主义发展初期，西方传教士在发动"西学东渐"的同时，还存在"东学西传"的潮流。由上可知，在近世文明对话中，东西方文明之间呈现出双向的流动，而并非表现为单极的文明扩散过程。同时这也表明，在清末中国遭受东西方殖民国家所进行大规模文化掠夺和摧残之前，传统中华文化依然具有发展中的比较优势，处于东亚文化的中心地位，在世界文明中也占据相当重要的地位。

日本地处东亚地域的边缘,在漫长的文化黎明时期,都处于文化输入的地位。前面已论述中华文化输往日本列岛的过程,以及朝鲜半岛所具有"半岛之桥"的重要地位与作用。虽然"半岛之桥"也并非唯一的渠道,但体现出日本文化在黎明时期的输入状态,以及所处于东亚文化的边缘地位,即在传统农业经济时代,从文明层面上来讲,中华文明是东亚文明的构成主体,并波及日本列岛,即实质上日本文化是中华文化的重要分支。但在从传统农业社会到近代工业社会的过程中,日本文化产生对中华文化的悖逆因素,从而造成日本文化与中华文化之间的剥裂与对立,并引发中日文化之争。中韩文化之争也存在这样因素的影响,其中体现出东亚文化发展的多样化倾向。

从历史和文化角度来讲,在传统农业经济时代,中华文化与中华文明同处于东亚的中心,即中华文明处于东亚文明的中心,中华文化也处于东亚文化的中心,可谓两者合为一体,这是极为基本的历史共识。在日本文化的黎明时,中华文化与日本文化形同"母子",中间还有"奶妈",即"半岛之桥"。日本历史学者井上清形象地描述道:"历史上的日本就像婴儿那样拼命地吮吸中华文化的乳汁而茁壮成长。"这是日本学者对本国文化来源的自我认定,以及对中华文化的高度认同,其实存在历史例证。在汉光武时期,中国向日本列岛中的奴国颁赐印玺,名为"汉委奴国王之印",这已成为古代中国与日本列岛之间所存在紧密文化联系的重要印证。在唐代时期,日本大量地委派遣唐使学习盛唐科技、文化和制度,日本人受到中国汉字的启发,创制出日文的平假名和片假名,并与部分汉字组合而形成了日本文字,因此日本文字由汉字、平假名和片假名等组成,开创了日本有独立文字记载的历史,并逐渐地孕育出具有特色的日本文化,而这又经历了脱离"母体"成长的漫长过程。唐代中国对日本文化的影响与作用,最大的事件是"大化改新",日本吸收和借鉴盛唐中国的社会制度,包括政治、经济和文化等各领域,"班田法"等社会制度大规模地在日本列岛上实施,甚至连唐代中国的民间服饰也流入日本社会,现今和服已成为唐代中国服饰文化研究的活化石。佛教文化也在唐代大规模地进入日本列岛,中国和尚鉴真东渡,唐招提寺至今依然香火旺盛、绵延不绝,这是中国寺院文化传入日本列岛,并形成历史性影响的明证。明代朱舜水赴日传授"心学",从而对日本哲学的发展带来极为重要的影响与作用,并导致出现"徂徕学",形成中世纪日本哲学的思想体系。中华文化东播日本列岛,起始于远古时代,水稻种植、牲畜饲养、造纸和印刷、艺术技法和建筑水利等科学技术成果东输日本列岛,对日本起到文明开化的重要作用。其实日本文化的渊源也正是传统中华文化,比如道教、儒家《易经》、兵学和武术文化等,上述方面对日本社会形成神道教和武士道,具有理论指导与现实催生的重要作用。上述方面与日本社会中的文化自觉和本土化存在紧密的关系,但难以抹杀中华文化对日本文化的黎明所起到的滋养作用。

中国存在两次大规模的文化融合,即元、清两代,但"两代"在中国历史和文化中却存在不同的影响与作用:元代的建立者是中国北方的蒙古族,具有豪放、开放和进攻的个性,因此元朝建立之后便"西进"西亚和欧洲,在争城夺地之际便利了中华文化的西播。虽然在西方历史中称为"黄祸",但"西征"却让西方世界对中华文化产生了更为深入的认识与理解,无形中扩大了中华文明的国际影响;清代的建立者为中国东北地区的满族,入关之后便以统治中原为目标,在江苏扬州"屠城"三个月,妄图以威吓和封闭的心态治理中原,但对中原文化则采取融入和收买的策略,既将满族文化向中原地区推行,实行"雉发令",同时也接受中原文化,从而将满族文化融入中华文化,并通过劝诱和收买等手段,笼络汉族士人和学者。元、清两代在对待日本列岛的问题上,也采取了完全不同的策略:元代在"西征"的同时采取"东进"战略,准备征服日本列岛,但因对海洋气候的变化掌握得不纯熟,导致最终功败垂成,堪为世人惋惜,不仅错过实现"汉字文化圈"的统一时机,而且还加剧了日本文化与中华文化之间的分离,这是中华文化发展中的历史悲剧;清代则采取了"怀柔远人"策略,而且在周边关系上也并非太和谐。比如,朝鲜半岛上的国家也支持中国民间所推进的"反清复明运动",实质上日本列岛也秉持这样的态度，并与中国内地的各种力量，特别是中原地区民间的"反清复明"思想相呼应。清政府采取内紧外松策略，对内大兴"文字狱"，进行过激抑制与残酷镇压；对外则采取怀柔政策，这为清末东亚思想的变化带来极为深刻的影响与作用，造成东亚文明内部出现了思想和理念上的分离，也为日本文化形成的悖逆思想提供了远因。因此清代中国出现以内地为中心和以周边为辅翼（主要为朝鲜半岛和日本列岛）"反清复明运动"，进一步造成东亚文化的割裂。周边国家在悖逆清政府的同时，也产生了悖逆中华文化的因素，从而导致在近代日本文化发展中出现较为强烈的悖逆思想，这是现实存在的社会性原因。当然，这并非全部的因素，甚至也不是关键性的因素。

近代日本文化出现对中华文化悖逆的思想，存在诸多方面的原因。集中体现在：一是日本文化存在本土化和独立化的时代要求，逐步地形成对中华文化悖逆的思想，最终提出"脱亚入欧"的政策，推进否定东亚大陆文化的政策。二是西方文化东来，对日本社会和文化产生巨大的心理冲击，特别是在日本开国之后，西方近代先进的科技文明让日本社会产生更为强烈的震撼，以至在文化上由关注东亚转而重视欧洲，这已成为开国之后日本社会和文化等方面的共同要求。三是清末中国遭遇西方列强入侵的时代际遇和失败经验，也刺激了日本社会加速背离中华文化，进而出现悖逆的思想倾向，并与历史问题相结合，比如元朝侵略日本列岛，明朝阻止日本"织丰"政权侵略朝鲜半岛。四是近代日本在加速西方化的同时，进一步地激发起"大陆政策"思想。这是对"织丰"政权推行侵略大陆政策思想的历史延续，同时也是日本悖逆东亚和中华文化程度的加深，将日本自立于西方列强之列，成为西方列强在东亚的帮凶与爪牙，并变本加厉地对东亚和中华大地进行军事侵略与文化摧残。五是在走向近代化的过程中，日本出现东亚霸权的思想，并与侵略和殖民思潮相结合，导致近代日本对东亚，特别是朝鲜半岛和中国东北地区，大肆地进行侵略和殖民。其实，日本对列岛北端的"陆奥"、"虾夷"和南端的"琉球"等地区，早先就已实施殖民与合并政策。六是近代日本大力地推进国家神道，神道教和武士道更为紧密地结合起来，进而形成了军国主义思潮，并与"大陆政策"，以及东亚侵略和殖民政策相融合，奠定了日本大规模地侵略、殖民朝鲜半岛和中国东北地区的思想与政策基础，并推进全面侵华的战略计划与策略措施，妄图建立东亚霸权地位。因此日本文化的近代化不仅是日本借鉴和引入西方文明，特别是近代先进科技文明的过程，更是对中华文化的悖逆，以及对东亚进行侵略和殖民的过程，体现出近代日本妄图称霸东亚的战略意图。

中国占有东亚文明的中心地位，这是历史形成的结果。中国地处欧亚大陆的东端，位于黄河和长江流域，具备孕育与形成早期东亚文明的良好环境和优越条件。因此中国是东亚文明的中心，并不需要任何的证明，可以由人类文明史清楚地诠释。现今中国兴起考古的热潮，到处挖坟掘墓，其实这不仅有损于中华文化的内涵，而且有害于中华文明的内蕴与持久影响力，应该说这是得不偿失的举措，以及文化政策和行动上的失误，也是需要加以阻止的社会现象。最近还有开掘武则天和秦始皇陵的建议，需要竭力地加以阻止。毕竟中华文物现已流散于世界，再出土一批文物，也难以弥补历史上所造成的文化损失，而过度的考古与挖掘会对中华文明的影响力造成永久性的伤害。因此应呼吁留点文明遗产给后人，制止过度考古的热潮，这应成为当前中国文化建设中的重要问题。近代以来，中国图书和文物大量地流失海外，欧美日诸国均存有中国的图籍与文物，虽然也具有远播悠久中华文化的历史意蕴，但毕竟这是以中国人深感耻辱的方式流失到海外的，因此现今政府和社会要力促流失文物和图籍的无偿返还，这是正义和正确地保护中华文化遗产的举动。比如，中国律师团前往法国，追索英法联军火烧圆明园时流失的兔鼠首等文物。文物的返回绝不可以采取买收的方式，而只能采取无偿返还的方式，这是中国人在历史浩劫之后维护自身历史和文化权利应保持的基本态度。

在近代对中华文化的摧残与劫掠者中，日本可谓后起东亚之秀，是对中华文化摧残与劫掠最为厉害的国家，由此日本丰富了列岛的东亚文化库藏，并逐渐地成为东亚文化研究的中心。参观日本国家博物馆中的东洋馆，其中库藏的图籍和文物大多为中华文物，本为中国所属，但如今图籍和文物厝置于日本列岛。日本列岛现藏中国图籍和文物大致存在四种来源：一是战争劫掠，这是主体的方式，在日大多珍贵图籍和文物皆凭这样非道德的方式获取的。二是趁乱收购，这也是堂而皇之的手段，但日本对中华图籍和文物的趁乱收购，在数量上比前一点较少，即趁火打劫的多。三是中华图籍和文物的正常流入，这样的方式也是存在的，因为中日之间较早地就存在文化上的交流，图书和文物采取正常途径来日也存在可能，但大量珍贵的图书和文物应可以排除在外。四是中国非正常时期文物和图籍的流失，其中包括"文化大革命"中流入日本列岛。近代以来，日本通过上述多种方式，占有大量中华图籍和文物的库藏，从而促使日本社会掀起中华文化的热潮。从中日近现代史可知，近现代中国长期处于战争和动荡的社会状态，图籍和文物流失严重，文化建设也出现低潮。新中国成立前后，出现"新文化运动"和"文化大革命"，在思想和物质层面上对中华传统文化进行了较为"彻底否定"的社会运动（当然也不能抹杀"新文化运动"所具有历史性和社会性的重要价值与意义），更是对中华文化造成了重大损失，加剧了中华文化在东亚中心地位的失却，以及大量图籍和文物的流失。然而，近现代日本趁势大肆地劫掠和库藏中华图籍与文物，促使日本列岛成为东亚文化中心及研究基地。

　　由上可知，近现代之后，虽然中国仍然是中华文明的发源地和东亚文明的中心，但从文化角度而言，中国已逐渐丧失东亚文化的中心地位，而日本则已占有了东亚文化的中心地位。这势必也就造成中华文明和中华文化之间中心的分离，即从东亚文明和文化现实来讲，中国依然为东亚文明的中心，因为这是由历史和文化发展历程所决定的结果，而日本则逐渐地由东亚文化的边缘走向中心，即从实质层面上而言，日本现已成为东亚文化的中心。对中国人而言，这样的现实已是必须正视的问题，比如近些年来中韩和中日存在所谓诸多传统文化遗产之争，实质上就是中华文化在东亚中心地位丧失之后的具体表现形式。中华文化的复兴绝不能依靠考古挖掘的方式来实现，相反这必定会有损于中华文明的持久影响力。当前，中国应在传统中华文明的基础上，坚持中国主体的意识，在继承中华传统文化精华的前提下，努力地创造现代中国的新文化，这才是现代中国文化建设的正道与使命。

日本文化的特性

日本文明长期位于中华文明的边缘位置，决定了日本文化具有舶来性的特征，这是由日本列岛的地理位置、历史变迁和社会环境等因素所综合决定的结果。具体表现在：一是日本列岛的地理位置及其变迁。从地球板块构造理论角度来讲，日本列岛与欧亚大陆连成一体，但在地壳运动过程中，欧亚大陆板块与太平洋板块发生激烈的运动，日本列岛遂逐渐地脱离欧亚板块，在两者之间形成浩渺的汪洋，此即现在世界地理图标中的日本海。而在长期地理和地表作用下，日本列岛形成以崇山峻岭为主要特征的地表形态。二是日本列岛的历史变迁。日本列岛地理和地表条件比较恶劣，长期处于远古人类难以生存的地域，直到地质板块之间处于相对宁静的存在状态，远古人类才逐渐地分布到日本列岛，但依然会经受地震、火山、台风和海啸等地质灾害和恶劣气候的影响与作用，造成日本远古文明的发展相对迟滞，日本文化的发展则处于更为初始的状态。三是日本列岛的社会环境。日本列岛人群主要由朝鲜半岛经对马岛和济州岛渡过海峡移入，到达包括本州、四国和九州及其附近的宜居岛屿，当然还有一部分由库页岛、堪察加半岛和千岛群岛迁入"虾夷"（北海道），构成现今日本社会具有较为独立性特征的民族，另外就是从中国大陆沿海和台湾地区，以及菲律宾等地域，因遭遇气候异常和不测的渔民，漂流而落户到日本列岛，其实大多应在琉球群岛而后迁徙，扩展至其他宜居的岛屿。当然还有其他原因迁徙到日本列岛的人群，比如有秦代中国徐福所率三千童男童女渡日求仙的故事。

据传在日本天皇谱系中，最初的天皇系来自东亚大陆的中国人，但现在并无实物提供确凿证据。依据传统农业经济时代中华文明的发展程度来讲，当年徐福所率三千青壮年的中国人前往日本列岛，必定也带去当时处于先进水平的中华文明成果，并依靠随行青壮年和先进武器，参照秦始皇由西而东"灭六国谋统一"的治理思路，征伐日本列岛上分立的诸侯国家。但秦灭六国之后，由于徐福所率三千青壮年的中国人据传正是从刚被秦军征服的地方——云南搜罗，并且还尚未开化，因而文化程度普遍偏低，而徐福也只是一介术士。因此从文化角度而言，徐福即便顺利地成为日本列岛上的首代天皇，留下的文字记载也应相当有限，何况现今日本还未启动对天皇陵的考古挖掘，而且天皇史料归天皇家族所掌控，也难以做到完全地对外公布。当然，现今天皇也还并没有承认其为中国的血统，虽然承认曾有与朝鲜半岛人群存在通婚的历史。上述方面也只能留待今后进行考古发掘和系统研究，才能揭晓其中的秘密。日本学者通过现代基因学研究，分析与比较中国人和日本人的基因构成，发现日本人1%的基因与中国云南地域人的基因相同，或许这也能阐释某些历史的关联，但依然难以诠释清楚天皇家族的历史由来。上述论议天皇家族的目的，主要为了阐明日本文化的舶来性特征，是由列岛的地理条件、历史变迁和社会环境等因素综合影响与作用的结果，其实这还可以通过有史记载以来以中华文明为主体的东亚文明的"东播"史实加以证实。

　　日本文化的黎明主要以输入中华文明为主，大多是经过朝鲜半岛输入。因此中国大陆文化是日本文化的"母体"，而朝鲜半岛的文化则是日本文化的"奶妈"。这样的比喻是相当形象而恰当的，符合中华文化"东播"的历史过程与发展状态。近现代以来，日本主要是吸纳西方科技文明和基督教文化。日本引入西方近代先进科技文明是全心全意的，而且青出于蓝胜于蓝，然而对西方基督教文化，则是敷衍塞则和心神不一的，这也是日本在吸纳西方近代文明过程中所表现出比较明智的态度，也是由日本文化的另一特性，即本土性所决定的。日本文化既然存在舶来性，又为何存在本土性？这是由日本对待输入文化的态度所决定的。其实并不矛盾，而且正相反，这里存在辩证统一的关系。谈到日本文化的本土性，又需要同时提到日本文化的第三个特性：模创性。日本文化的本土性和模创性是存在联系和统一的，也是日本文化存在生命与活力的原因所在。

在传统农业经济时代，日本吸纳中华文明中的文化成分，就集中体现出对中华文化的择取，而并非完全性的吸收。在对待传统儒家文化中的孔孟"性善论"和荀子"性恶论"时，日本选择了后者。因此日本文化存在较为强烈的"性恶"倾向，但又并非完全地否定孔孟儒学，而且还着重择取《易经》中的"变易"思想，并成功地运用到日本社会的治理机制及其运行模式，形成日本社会所存在的"虚实共生"特性，构建出双重治理的模式。另外，日本还对中华文化中的远古神话传说、土生道教和传统兵学等文化方面，进行有选择性地吸纳，并且在接受外来文化的过程中，日本始终本着本土性的原则，坚持本土文化的主体性，并对外来文化进行适合本土特色的模创（模仿和创新）过程。日本神道教（起始于"原始神道"）是在中国远古神话传说和土生道教基础（基本论理）上，结合日本本土神话传说和文化，创立起来的新型宗教文化形式，并且在后来的发展中增设了内容，从而形成一套规制礼仪和祭礼的宗教文化形态；日本武士道来源于中国寺院文化中的武术文化，并依据日本社会和文化实际，逐渐地形成并扩展于日本社会，导致出现武家、武士团和武士道，形成日本社会中的两大精神和文化支柱：神道教和武士道。神道教和武士道的孕育、形式与发展的变迁过程体现出日本文化的模创性，即将外来文化的精神和论理与日本本土社会和文化实际相结合，从而创制与发展出具有日本本土特色的文化。

上述特征在日本其他文化现象中也有充分的体现，比如日本寺院文化趋于神社化的发展。在神道教形成之后，日本"民间神道"和"教派神道"势力日益扩展与普遍，特别是近代实施国家神道之后，神道教在日本社会和文化中的地位获取了空前的提升，此时日本寺院文化出现神社化的发展，这也体现出日本宗教文化在近代西方基督教文化东来之际出现了新的变化，以及日本本土宗教文化（甚至包括东亚宗教文化）对西方基督教文化的回应。其实，西方基督教文化东来，也同样经历了日本的本土化过程。即便是西方近代科技文明，日本也采取了有选择性地吸收和改造的策略与态度，体现出日本文化中的本土性与模创性。

日本文化的第四个重要特征就是多源性。著名文化学者加藤周一（2008年去逝）提出日本文化的杂种性概念，其实阐述的也就是这一特征。日本社会和文化对思想与学术采取比较容纳、包容和开放的态度。因此可以这样说，日本继承了古代中国春秋战国时期的"百家争鸣"文化传统，并且又不失主体性的思想意识与文化精神，从而吸收、改造和创制出富有日本本土特色的文化。这样的特征集中体现于神道教、武士道和寺院文化的孕育与发展过程之中，也体现在近代以来日本对待西方科技文化和基督教文化的主导精神与态度之中，导致日本文化呈现出多源性的特征。

由上可见，虽然日本文化是世界上多种类型和特色文化的共生体，但它又不失日本社会和文化的本土性与模创性。从现实社会和文化方面而言，日本文化也就呈现出加藤周一所提出的杂种性特征，表现为世界多种文明中的各种文化共存于日本社会和文化之中，并形成富有日本本土特色的文化形态。但最终需要提及，本土性是日本文化中的最为根本性特征，任何来源的舶来文化都需要与日本的本土性相结合，接受本土意识与精神的制约，从而形成具有日本本土特色的文化样式。因此，日本文化中的多源性和舶来性是处于附属地位的，呈现为表面的虚像。从日本文化形成与发展角度来讲，上述两个特征为日本文化的创型提供了基本概念与论理。但从实质层面上讲，本土性才是日本文化的实质内容，呈现为日本文化特征的实像。然而，日本文化的杂种性仅仅概括出日本社会和文化状态的现实特征。由上看来，日本文化的基本特征可以概括为舶来性、本土性、模创性和多源性，而杂种性是对日本文化特征的综合概括。

小 结

在传统农业经济时代,中华文化是日本文化的"母体",中华文化滋养了日本社会和文化的成长,而日本文化也成为了中华文化的重要分支,并成为中华文明的重要内涵。在中华文化"东播"日本列岛的过程中,朝鲜半岛在其中起到了"半岛之桥"的重要作用。虽然这样的中介并不能概括中华文化"东播"日本列岛的全部路径,但在中华文化与日本文化的历史关联中,"半岛之桥"的影响与作用不容忽视。在日本文化的黎明时期,日本不仅从中国输入远古神话传说、土生道教和"正统"儒家,以及寺院文化中的武术文化,而且还输入处于比较优势的先进科学技术、社会治理制度模式、精美器物文化和文学艺术形式,同时还在中国汉字的基础上创造出日本文字中的平假名和片假名,从而开始了日本有文字记载的历史,开始了日本文化的个性时代。

在日本传统文化中,神道教、武士道和寺院文化是极为重要的坐标。神道教为日本社会提供了精神支柱,从而为天皇制度的确立与发展提供了宗教文化上的基础性支持。在"国家神道"阶段,西方文化东来,近代科技文化和基督教文化进入日本列岛,但"国家神道"及其体制形成了比较坚固的宗教屏障,体现出日本社会和文化中的主体意识与精神,从而推进了日本文化近代化的发展过程。武士道是日本社会和文化中的另一重要支柱。从武家的出现,到武士团的结成,以至武士道的形成,并与神道教相结合,构建起具有日本本土特色的宗教精神与文化,成为日本文化的两大支柱。寺院文化也是从中国舶来的文化形态,但却较为强烈地融入了日本本土的个性特色。在这样的文化形态中,将具有"出世精神"的佛教文化与具有"入世精神"的武士道相结合,形成了日本的寺院文化。在"国家神道"时期,由于受到广设神社的影响,日本寺院文化也日益朝"神社化"的方向发展,促使神道教与寺院文化之间的联系日益强化,这对当时从西方输入基督教文化产生了重要的影响与作用，推进了外来文化的日本化进程。同时，这也体现出日本社会和文化在近代化中的主体意识与精神，保持了本土文化的个性特色。在日本文化的近代化进程中，西方近代科技文化的输入具有重要的价值与意义，不仅丰富了日本文化的近代内涵，而且也对日本社会的近代化也产生了重要的推动作用。

日本文化在从黎明到近现代的变迁过程中，逐渐地由东亚文化的边缘走向中心，这就是日本文化理论概括的重要方面："文化边缘—中心论"。在"边缘—中心"变迁过程中，日本采取悖逆以中华文化为主体的东亚文化方式，实施"脱亚入欧"政策，在大规模地引入西方近代科技文明的同时，对东亚采取"大陆政策"，以及侵略和殖民行动，并伙同西方列强大肆地劫掠东亚诸国的文化财富，包括图书典籍和珍贵文物的精品，对东亚文明（包括朝鲜半岛和清末中国）进行破坏与摧残。在此基础上形成了近现代以来日本丰富的东亚文化库藏，并逐渐地形成东亚文化研究中心，由此实现了由东亚文化边缘向中心的转换。当然，这样的过程也与当时朝鲜半岛和中国的社会与文化发展状况存在紧密的关联，比如中国出现思想层面上批判和否定传统文化的思潮（比如新文化运动），以及在物质层面上破坏文化遗产、图籍和文物的历史事件（比如"文化大革命"）。虽然东亚文化的中心转移至日本列岛，但由于历史上的原因，东亚文明的中心依然在中国大陆，这是文明和文化层面上的基本判断。在东亚文化中心转移的过程中，则体现出日本对东亚文明的悖逆性质，由此获取日本文化的另一论理："文化悖逆论"。

日本文化具有鲜明的个性特色，集中体现为舶来性、本土性、模创性和多源性，从而形成现实日本文化的杂种性特征。另外，日本文化的近代成型和东亚文化中心的转移过程，体现出近代日本社会所具有硬实力和软实力上的发展与变化：前者体现为明治以来日本物质和科技文化的实质发展与变化，而后者则体现为近代日本精神文化的主体意识与地位，这是日本文化近代成型和"中心"实现的基础力量与重要条件，这样的历史经验值得中国在创建现代新文化中加以吸收与借鉴。同时，日本文化的上述重要特征也并非处于相同的地位，其中本土性是日本文化的根本特性与实质内涵；舶来性和多源性则是日本文化的外在虚像，体现出日本文化的容纳、包容和开放精神，而模创性则揭示出日本文化的创生过程，即外来文化的日本化过程。因此，日本文化中的诸多特征各具内涵与特色，在日本文化发展和变迁过程中都发挥了非常重要的影响与作用，从而形成现实日本文化的杂种性特征。

由上可见，在日本文化发展的黎明阶段，中国处于东亚文明和东亚文化的双重中心地位。但在实现近代化变迁进程中，日本不仅灵活地借鉴与吸收了西方近代科技文化，而且还确立了"国家神道"及其体制的核心地位，确保了本土宗教和精神文化的主体地位，并进而导致日本文化获取了在东亚文化中的比较优势，基本上取代中华文化而成为东亚文化的中心，这已成为东亚文化的基本现状。中国必须从历史经验与教训中汲取营养，从近现代日本文化的变迁过程中寻求规律，从而确定中国现代文化发展的战略方向，即在继承传统中华文明的基础上，坚持中国文化的主体意识与精神，着力创建现代中国的新文化，这已成为摆在现代中国人面前的时代使命与战略任务。

东京游学札记手稿剪影（二）

附录 II

在日经历与游学感怀：
赴日游学总结报告

2007年10月，参与教员研修生奖学金项目，前往东京游学。2009年3月，完成游学任务并顺利返回中国。游学获取观察与分析日本的机会，真切地体验东京都的社会日常生活。正是在东京游学之后，认识到日本的"庐山"真面目，具有了全新的认识与理解。以下就东京游学做简略的回顾，并对赴日游学提出某些意见与建议。

往事记忆

谈到与日本人之间的交往，需要提及在北京师范大学读研期间发生的事情。硕士阶段选择的专业是中国教育史，研究方向是中国近现代教育，这很符合自己的研究兴味，毕竟这样的专业和方向更为倾向中国近代教育方面的研究。研究中国近代教育，肯定会涉猎近代文献史料，于是时常坐在大学图书馆中，阅读近代文化、社会和教育等方面的资料，包括学术专著和档案文献。

期间经常参加学术活动，有的是校级学术单位组织的，有的则是基层学术单位组织的，也有的是学生团体组织的。某日教育史教研室通知参加学术活动，要求研究生一起参与，主题是中日教育近代化中的"西学东渐"相关研究问题。对参与学术活动，还是比较积极的，不仅积极参加教育主题的研讨会，而且还参加学生团体组织的各类报告会或演讲会，主讲者大多为官员、专家和教授，都是学有专深的名流与学者。通过参与学术活动，也存在很大的收获。"西学东渐"学术主题正合自己的研究兴趣，当然更是积极参与，于是较早时候就来到会场，等待相关人物的出现。

学术研讨时间即至，教育史教研室的老师先后来到会场。王炳照教授陪同来访的日方客人前来。相关方坐定之后，学术活动就开始进行。先是王炳照教授和日方专家代表发言，主要谈及中日双方合作研究中日教育近代化中的"西学东渐"相关问题，并做中日教育近代化的比较研究。游学期间在东京学艺大学图书馆内，见到了合作研究成果的结集，其内有王炳照教授的前言和论文，还有郭齐家教授、俞启定教授和何晓夏教授的相关研究论文，当然还包括日方学者的研究论文。其实日方学者正是"学艺"从事教育历史研究的相关人员。学术研讨按照正常程序进行，参与的学者先后发言。

现在虽然记忆已显模糊，但大致记得主要谈到如下重点问题：近代来临之际中日所存在比较近似的历史境遇；中日近代化所选择的道路及其结局差异；中日教育近代化中的理念和道路选择分析；中日近代化中对西方文化教育的接受态度及其策略差异；中日两国在近代时期文化和教育的交流；中日合作研究教育近代化中的相关问题与建议。达成相互交流和合作研究的意向之后，安排有日方学者与在学研究生之间的对话环节。在其他人提出各种教育近代化问题之后，平时较为沉默、较少提问的我也站起来发言。现在已记不清当时提出了什么问题，只记得问题主要存在两方面的意思：其中之一就是中日之间比较敏感的历史问题，当然与中日近代史存在关联。

问题提出之后会场一阵骚动，日方学者相当尴尬，王炳照教授忙打圆场。一位日方人士站起来，忙递来一张名片，但现在也不知在哪里。现在想来，当时他可能是表达安抚和友好的姿态。日方前来合作研究中日教育近代化问题，看来是在观察中国在中日教育近代化研究上的虚实，寻求双方在中日教育近代化研究方面的共性观点，如同中国、日本、韩国三国研究东亚近代史的目的，体现出日本近代史研究学者的复杂心态与沟通策略。

现在看来，"不友好"的提问并没有冲击中日学者所进行中日教育近代化方面的合作研究，查看"学艺"图书馆内的合作研究报告集，内容大致包括中日教育近代化中的理念与策略："中体西用"与"和魂洋才"；中日教育近代化中对西方文化教育的接受："西学东渐"，其中包括西方科学技术和基督教文化，以及对中日教育近代化的影响与作用；中日教育近代化中的具体问题，比如近代学校教育制度；中日教育近代化中相互影响与经验借鉴的相关问题。由于对"不友好"的表现依然记忆犹新，时常忆念与反思，因而也就有亲身感受日本的冲动与热望，或许尚有"还愿"的心态与感受。

决定赴日

2007 年 5—6 月间，依从学院的安排，参与第 27 期高校中青年干部培训班的教学组织工作，其中的重要环节就是为期 15 天的外出考察。外出考察的地点选择在江苏省，考察团的行程安排由江苏省教育厅协助，接待工作由江苏省内的相关大学负责，包括多所教育部直属大学和江苏省属大学，其中有几所为本期学员所在的大学，比如南通大学和江南大学。整个参观的考察行程安排得很紧凑，可谓是来去匆匆。大致环节是大学领导介绍；参观校史展、实验室、博物馆，以及其他相关教学和附属设施，穿插各个大学领导的工作介绍，有些大学或学院还安排相关部门领导之间的交流活动（大学部门领导与学员任职的经验交流）。学院的随团人员主要是做好协调、接洽和服务等相关事宜。

个人承担的任务是负责考察中的费用清算与核算，重要的事项就是及时地清算费用和办理发票等事宜。

正当紧张考察之时，接到学院人事处长的长途电话，说学院现有赴日游学名额，并且为教育部三个指标中的一个，不需经过选拔程序，可以直派赴日游学。学院领导建议听取个人的意见，若愿参加需要尽快给予回应，近期必须上报名单且不能更改。其实对赴日早已存有心结，上述对读研期间的往事回忆，就已进行过较为充分的阐述，因此当时不想错失机会，于是当即做出游学的决定。

当然这无疑是受益的事情，在这一点上应是很清楚的，主要表现在：一是了却多年的心愿。毕竟研究中国近代教育，不可能回避中日教育近代化的比较研究，以及近代日本对中国的影响。利用游学的机会，可以亲身地感受日本，接受日方教师的指导，以及利用有利的条件，了解日本文化、社会和教育的现状，查阅日本学者中日教育近代化问题的研究著述，甚至还可以获取原始文献资料，对今后学术研究大有裨益。二是完成未竟的博士学业。北大学业可谓拉锯战，持续的时间过长，让人难以消受，结束北大学业，已是必须尽速完成的事情。在职学习存在多种矛盾，何况论文初稿已定，更需要花时间完成最后的修订与定稿。没有整段自由支配的时间，也不太可能做到全身心地投入。赴日游学还可以充实外文资料，丰富论文内容（毕竟近代游日浪潮是博士论文内容中的相当重要部分），因此可以借助有利的条件，集中精力地做好论文的充实与修改工作，最终完成修订与审查程序，尽速地结束北大学业。三是补充和更新知识与观念。游学的内容基本上包括语言学习和专业研究两部分，不仅利于拓展今后从事学术研究所需要参考文献资料的来源范围，而且还可以感受到国外学术研究的环境与氛围，这会利于开阔视野，无论是对今后工作还是学术研究都大有益处。但也存在考虑不周的地方，比如在游学期间，给妻儿带来较大的心理负荷和家庭重压，内心还是有自责的，因此也就对妻儿长久地心怀歉疚与感激之情。

阶段划分

在报名和办理相关手续之后，2007年10月随赴日游学生团组到达东京都，即著名的"右翼"石原慎太郎治下的地方，随同部分游学生入住位于世田谷区的祖师谷国际交流会馆。在办理健康保险和登陆证等相关手续之后，前往位于武藏野的"学艺"报到，开始了赴日游学的历程。概括在日游学的经历，大致可以划分为如下三个阶段。

第一阶段：以基础日本语学习为主要任务（从2007年10月至2008年2月）。在报到注册之后，"学艺"国际课安排半学期的基础日本语课程，包括语法、会话、汉字、作文和发表等项，基本上从周一至周五全天候安排，还穿插零星的其他活动，比如能剧欣赏、外出考察、地震体验、消防参观和野外探访等。在集中学习之后，掌握日本语的基本构成和基础语法。目前基本上能察词断句，阅读日文书籍，特别是专业文献，但离日本语能力的要求还存在差距。在朋友之间聊天时，开玩笑地说道，"我的英语水平比不上2008年度诺贝尔奖获得者日本的益川敏教授"（因英语不通，获诺贝尔物理学奖之后，瑞典领奖发表的感言只能用日文，遂让日语首次登上诺贝尔奖的演讲台），"我的日语水平更比不上日本的麻生首相"（2008年在意大利举行G7会议上发表演讲时，接连地读错日文汉字，以致招致日本媒体和政界的恶评）。当然这只不过为戏谑的言辞，何敢与上述两位相比较，第一位是著名的物理学家，2008年度诺贝尔物理奖的获得者，第二位是日本首相（2009）。但学过日语之后，阅读日文图书，感到更为顺畅，以致可以查阅参考资料，撰述专业论文与随感文字。

第二阶段：以增补和修订北大博士论文为主要任务（从2008年2月至2008年6月）。从2008年2月中旬开始，按照日本的大学校历进入假期，长达两个月。相对而言，这段时间比较宽松和自由，但对我而言却是最为紧张和繁忙的阶段。因为按照北大博士论文答辩申报要求，必须在5月份完成论文修订并定稿，提交正式文本，并参与论文预备答辩和校外送审程序，才能按照北大校方要求，在6月按时进行正式答辩和完成学业，因此决定利用长假完成博士论文的增补、修改和定稿，主要的工作地点选择在会馆的研修室。从2月中旬到5月初，基本上是夜以继日地推进论文的修订。至4月，阎凤桥教授一行来东京大学参加学术研讨会时，论文又经过数次大规模的修订，框架结构和研究重点日益明晰，语言、词句也更为精练。阎凤桥教授充分肯定了论文的进展，并对参与5月预备答辩做出安排。4月中旬之后，大学开始上课，游学研修与论文修订出现些许冲突，但论文已度过紧张阶段，再经过一至二校，就可以最终定稿。这学期在"学艺"选修两门课程：经营学入门、日本文化与社会，并依然履行与田中先生的"月见制度"，研讨日本大学法人化改革问题。田中先生赠送《日本大学法人化改革研究论集》，认真阅读之后，曾经想摘要翻译，但最终放弃，以为这是以后可以弥补的事情，现时应将主要时间和精力，投放到更为重要的事情上来。到5月初，最终按时提交定稿的博士论文，并安排5月上旬进行论文预备答辩。5月9日起程回国，准备完成相关程序。回国之后，顺利通过了论文预备答辩，并进入校外专家匿名评审的阶段。到6月上旬，参加正式论文答辩，并顺利以全票通过。论文工作结束之后，随即返回东京，继续参与课程学习，直至学期结束。

第三阶段：以观察和思考日本文化、社会和教育问题为主要任务（在2008年6月以后）。2007年10月赴日以来，观察与思考日本文化、社会和教育问题即已展开。撰述游学札记成为持续进行的工作，即使在紧张的论文修订和定稿阶段，也并未完全停止。在撰述的初始阶段，文字材料多以感性的见闻为主要，理性思考的成分显得相对较少，有些方面可能还略显表面化，认识和思考的程度并不深透，更多体现为见闻、行事和感受，以及与陈君等中国游学生的对谈记录，当然其中也存在某些理性的思考与分析。在6月结束北大博士学业，并返回日本继续游学之后，观察、思考与分析日本文化、社会和教育问题进入崭新的阶段，札记内容的理性思考与分析程度日益加深，进度也逐步地加快，内容开始更为丰富起来。在7月中下旬到8月，由于妻儿访日的原因，札记的撰述显得有点放松，主要是要做好接待。但妻儿返国之后，进行了些许补记，主要是考虑札记内容的持续性问题（当然返国完成论文答辩期间，札记的撰述基本上中止，虽然也有些许补记）。札记进度的最盛时期应在8月份妻儿返国之后。札记的材料大多是对日本文化、社会和教育问题的观察、思考与分析。2008年6月到11月中旬，在日本还参加了一些社会性和学术性活动，比如参加在长野举行的迎北京奥运火炬接力活动，现场的气氛相当火爆，五星红旗与"藏独"旗迎风飞舞，中国游日学生、旅日华人华侨、日本人装扮"藏独"，以及日本人抗议老头、老太和青壮年人，甚至还有别国的友好与非友好人士，群集在街道的两旁。气氛火爆时发生暴力，所幸未出现更大的伤害。中途虽遭天阴雨湿，但中国游学生和旅日华人华侨热情不减，明显处于优势的地位，凸显出正义战胜邪恶的人间正道。与此同时，还参加早稻田大学承办的2008年全日本华人教授学术年会、原外交部长李肇星所作中日关系的报告会，以及参加文部科学省和"学艺"联合举办的学校金融教育学术研讨会。2008年11月中旬至12月中旬，由于妻儿生病住院，决定抽身回国探望，因此札记的撰述也作了相应的中断。但12月中下旬返回东京之后，恢复了札记的撰述。12月底，完成研究论文《旧制日本文部行政模式的发展及其特征分析》，力求揭示近代日本教育行政模式中所蕴藏的"虚实共生"规律。当然在提交给日方的正式文本中，并未提及这条非常重要的规律。到2009年2月21日止，札记的撰述接近尾声，但与田中先生的"月见制度"仍在执行，并着手撰述专题研究报告《日本文化、社会和教育论议：基于中国的视角》。2月12日，"学艺"国际课举办2007年10月至2009年3月日本政府文部奖学金教员研修生项目的结业式，标志主体程序结束。2月21日之后，致力于游学总结报告的撰述，并静候3月25日回国日期的来临。

游学阅历

赴日游学是极为难得的人生和学术经历,极大拓展了国际视野与社会阅历。概括地来讲,赴日游学或游学需要重点注意如下问题:

一是要消除语言障碍。中国外语教育教学注重知识灌输而轻视能力培养,赴日游学时的首要关口就是要具备比较畅达的语言交流能力,因而消除语言障碍相当重要,否则不仅在国外日常生活和学习会受到制约,而且会影响到学术交流甚至赴日游学或游学的实际成效。

二是要坚定思想信念。国外社会环境显得相当复杂,游学感受深刻,需要经受住的考验较多。近代以来日本"反华邪性"比较浓厚,而且近些年来随着中国社会和经济的发展,日本又产生因畏惧而嫉妒的社会心理,反映在现实日本社会就是对中国产生各种偏见,并视为威胁。2008年日本所谓建国节(2月11日),前往新宿book-off书店,沿途见到令人惊讶的场景:先是中国反政府人员散发广告,街道上有招贴的自动车疾驶而过,随后是大小型的日本"右翼"车辆,其中印有"恶德企业"招贴的反华宣传车,而且"右翼"还站在车上用喇叭大喊,攻击行将开幕的北京奥运会。另外,实质上日本已成为某些中国人反政府势力的活动基地,免费赠送反政府的中文报纸,并在秋叶原设有攻击中国共产党和政府的流动点,而且还设在人流较为繁忙的十字路口。在日游学生在各种会馆中最多居住两年,会馆还配有志愿者,主动提供某些帮助,比如免费日语辅导,同时借机情报收集和思想渗透,主要是通过日语或中文,询问相关信息,因此需要坚定思想信念,坚守思想防线,保守国家机密,从而不致堕入设定的圈套。

三是要慎重结交朋友。身居海外,结交朋友完全有必要,但必须慎重进行,特别是结交外国人朋友。在日本存在深切的感受:要顺利完成学业,就要慎始慎终,关键要做到慎独。此道理还需要从游日修士生(硕士生)石君说起。石君是日本和歌山大学的商品营销专业的修士生,本来2008年2月毕业,论文撰述的是日本百元店营销策略方面的选题，已完成论文答辩，行将获取修士学位（硕士学位），并准备返回中国寻求发展。但正当此时，被人杀死在宿舍内，而且长达一周之后才被发现。事发之后日本警察的查证结果是存在情杀，说石君与日本姑娘恋爱，因感情问题导致情杀，由此结案。在日本即使真的是情杀，施害者也不可能获死刑，何况还是在日本的法庭之中，这件事情最终难见下文。这是没有慎重结交朋友而受到伤害的突出事例。其实还有其他典型的事例，有的还存在某些陷害的成分。由上可见，在外要慎重交友。概括地来讲，在海外结交朋友，原则上需要坚持"五种人优先"：中国人优先，这是必然的原则；友好国家的人优先；人品优良者优先；志趣相投者优先；经过考验者优先。

四是要尽量谨言慎行。在海外，各种人都存在，特别是在日本的会馆之中。比如，日本人志愿者就存在比较复杂的背景，还有来自世界各国特别是敌视国家的游学生（当然上述都不指全部）。有时就是中国人，由于海外复杂的社会环境，也需要给予充分的注意。毕竟在日本，也发生过中国人绑杀中国人并向国内亲人索要赎金的事件。

五是要勤于细察审思。细察主要表现为要善于察言、察物和察势，听其言要观其行，要保持自己的主体意见，办事更要有主体性的判断，并要勤于独立思考。对日本（海外）复杂的社会现象，要多问为什么。比如，日本社会为什么免费供给中文反华报纸，而日文报纸还需购买；为什么日本社会充斥极为浓烈的"反华邪性"，相关报刊多有攻击中国的声音。在一万个为什么之中，就会理解复杂的国际关系。实际上对其他问题也都要通过细察审思的途径，从而获取更为清楚和深刻的认识。

六是要注意信息安全。主要存在于"口之言"、"笔之文"和"机之具"（计算机，包括电脑本体，U 盘和网络）等方面。"口之言"主要是要注意说话的内容与对象，以及亲友联系的交谈内容，上述两方面都有可能成为信息安全问题的根由。"笔之文"主要是书面材料和研究论文，前者包括各种申报材料和信息资料，后者就是各类专业论文。比如，日本教师喜欢中国游学生探究中国方面的论文，其中至少存在两方面的益处，即利用中国游学生收集相关领域信息甚至重要情报；由中国游学生用日文或英文撰述中国相关领域的专业研究论文，可以减少日本人的研究困难，从而方便掌握中国相关领域的专业信息，但对中国游学生而言则可能存在信息安全的问题，甚至有害于国家信息的安全。"机之具"主要是计算机安全，需要注意的三大事项：首先是电脑本体内存的相关信息：尚未出国之前，应对携带出国的计算机及其内存文件进行系统检查，最好携带专门外携的电脑，或将有价值的文件备份之后从电脑中彻底地删除。其次是U盘中的相关文件：在出国之前，最好备有专用U盘，将在海外需要应用的文件，进行信息安全检查之后，拷贝到专用U盘，再携带出国。再次是计算机网络中的信息安全：在出国之前，应设置新的网络邮箱，并给较为重要的联系人发出通知信息，检查现有邮箱文件信息的安全性，或索性删除邮箱中的相关文件（在备份重要文件之后），进行网络联系时也应需要双方都注意到信息安全的问题。另外在回国之后，还要对各种信息资料进行必要的安全检查，防止各种有悖于信息安全的事情发生。

七是要保持身心健康。据报道，赴日游学生中有一位女生，因病死于宿舍，并在死后多日才发现，经侦查断定，系因病而亡。上述事件反映出两个基本的事实：一是这位女游学生的身体长期处于亚健康的状态，在日本苦撑而没有及时就医诊治；二是这位女游学生极少结交朋友，在日本备感寂寞与无助，身心都存在较为严重的问题或缺陷，最终病亡在异国他乡。在2007年来日博士生项目中，就有一位女生因学业和恋爱的双重压力，精神长期处于高度紧张的状态，以致出现心理紊乱，只好由同学连夜护送到成田机场，搭机回国疗伤，休养半年之后返回复学。上述实例表明，对赴日游学生而言，保持身心健康非常重要，这是完成现时学业和开拓未来事业的根本条件。

生态分析

在东京游学期间，与部分游日学生朝夕相处，其中有公费生也有私费生；有本科生、修士生，也有博士生；有相互认识的，也有相互尚未认识的。天长日久之后，总会有些见闻与思考。现就观察到的各种现象和听闻到的诸多故事，给予思考与分析，揭示游日学生生态及其特征，以及阐述游日教育及其管理应改进的方面，从而有助于改善游日教育管理，增强主体性、主动性和有效性，推进游日教育朝向健康、有序和高效的方向发展。概括地来讲，游日学生生态及其特征主要表现在如下方面：

一是无助。一旦起程赴日游学，肯定会遭遇异质文化和社会中的各种因素，比如语言的障碍、无亲戚和朋友的支持、地理和社会环境的不熟悉，以及遇到交通和饮食等具体方面的问题，感觉无助是必然要经历的过程。若再遇上某些人为的原因，则这样的无助状态更会在心灵上受到伤害。若这样的无助与学业联系起来，再渗入各种人为的因素，则无助又将存在升华的趋势。对赴日游学生而言，伤害自然地显得更为沉重。若不具备某种自我调适的心理素质，这样的伤害显然就更为巨大。在2007年度日本文部奖学金博士生项目中，单君的经历就是典型的事例：单君为位于武汉的大学教师，但有在政府部门和电信企业的工作经历，尤其参与了网通施工与建设。日方应通过申报材料，了解了单君的履历。虽然同机抵达，但那时并不相识。单君参加过东北师范大学（长春）的日本语培训，因而同学之间相当熟悉。来到东京之后，校方东京大学竟宣称没有宿舍，安排至6000日元／天的旅馆。然而在国内时，单君与东京大学相关人员联系，校方人员承诺安排宿舍，确实有来往邮件可以证实。单君曾让阅读相关邮件，而当时就想写点儿文字，以资后来者龟鉴。后来由于宿舍的问题，单君与东京大学专业导师及相关职员产生深刻的矛盾，最终选择报考其他大学，庆应大学大学院已通知录取，早稻田大学导师也表示愿意接受，但东京大学专业导师和相关职员却采取哄骗和诱导，并拒绝在转学表格上签字的办法，阻止转到其他大学，同时东京大学大学院也不予录取，最终单君只好决定归国。事例表明，问题的起因在于东京大学，责任归东京大学莫属。发生问题之后，单君如何与东京大学专业导师和相关职员的矛盾加深，过程不太清楚，但东京大学专业导师和相关职员在明知有错而不道歉的情况下，采取各种卑劣手段阻止转学，确实令人感到错愕与震惊。听单君讲，被不知来历的日本人找谈话，而且不止一次。在第一次谈话结束时，单君找我谈心，当时正告别泄露国家机密。第二天单君如邀去谈话，好像并无任何结果。由上可知，日本人采取各种人为、胁迫和诱导等办法，妄图从中国游日学生身上寻到各种有益的情报信息，对初次赴日的中国游学生而言是很大的考验，因此存在无助的心态，确实也具有多方面的成因。

　　二是寂寞。赴日游学生时常感到寂寞，其实这是一种常态。对在异域文化环境中的游学生来讲，寂寞确实是炼狱，需要较强的心理调节能力，方可排消这样的感觉。在会馆生活中，也接触过各种情形的中国游学生：有吸过毒、逛过风俗店的富家子弟；有为学费和生活所困在娱乐场所服务的女游学生；有在信息公司从事收集中国相关领域业务情报的游学生；有耐不住寂寞和荒废时日的游学生。影响的因素较多，但共同点就是为了谋生和消除寂寞。上述方面多是自费游学生的生态。对公费游学生而言，虽无生活之虞，但寂寞也是难以逃脱的梦魇。在日本社会和文化环境中，熟悉英文和日文的话，尚可以找外国人进行接触与沟通，而对英日语听说能力皆不擅长的游学生来讲（比如刚赴日的预科生），这样寂寞的情绪就显得更为严重，以致出现心理闭锁和障碍等问题。而这样寂寞的情绪与生活学业的压力相重叠，其负荷对在外游学生而言确实显得相当沉重，需要给予自我关注，并学会如何排消这样寂寞的情绪。上述列举到在日病死的游学生那里，肯定会有这样寂寞的情绪，表现在生活和学业上就是存在诸多压力，没有倾诉的朋友，以及需要面对陌生和冷漠的异域社会。但发展到这样程度的游学生毕竟还是少数，因为中国在日游学生比较多，除非具有极为内向的性格，否则总能找到排消寂寞和获取扶助的途径与办法。

三是风险。主要表现为个人风险和国家风险两种类别，这里主要讨论个人风险。从个人风险而言，最为重要的是安全风险、经济风险和学业风险。安全风险表现为身体和心理健康指数、日本社会和学校中的安全性程度、结交朋友和日常生活中的安全问题等方面。安全风险的事例也较多：在2007年度来日文部奖学金博士项目中，罗君从学校回宿舍路途中遭遇车祸，头部和手都受到伤害，驾驶员却择机逃脱（2008）；上述石君案件也较为典型。经济风险表现为个人经济财产的持有、学费及生活费用的供给（包括打工收入），以及其他方面必须面临的各种经济问题。经济风险的主要事例是日本社会存在的多件银行卡诈骗案件，甚至出现游学生之间的绑架与勒索案件，以及包括吸毒和浮糜生活的事例。学业风险表现为学费投入与产出之间的关系。日本学业风险主要存在于博士研究生阶段，大多数名牌日本大学的博士学位比较难以获取，比如东京大学、京都大学、早稻田大学，而且文科类较难，特别是法科博士学位特别难以获取，有些法学院甚至10年以上未颁发博士学位。当然这与日本社会不太注重学位存在关联，因为日本社会已由"学历社会"走向"学力社会"，比较注重实际的素质与能力。学业风险表现得更为明显，上述所提到单君中断学业的事件，还有东京大学法学院有一位中国博士生，10年未毕业而只能在日就业和生活，依然为单身求索的边缘人，以及由此导致各种个人的问题。当然作为个人而言，无论何种环境中都会存在上述风险，但对身居日本的游学生而言，由于处于异域文化和社会环境之中，要经受的各种风险就显得更为直接与突出，而且各种非个人性因素的影响较大，需要注意做好自我防范，尽量地避免这样风险性事件的发生。

四是谋生。由于中日社会和经济发展存在差距，中国赴日游学生还存在经济瓶颈的问题。中国游日学生面临的问题：人民币兑日元按现行市场牌价在1∶13左右（2008），但日本商品的价格要比中国高出5—10倍，由此形成人民币与日元的实际购买力存在巨大的差距，比如1元人民币的商品在日本需要花费5—10元人民币，即65—130日元。换句话说，从中国带到日本的人民币（大多换成日元），65—130日元才能购得在中国只需1元人民币的商品，普通中国家庭难以承受存在游日子女的消费压力。不仅如此，而且日本的大学每学期至少收取20万—30万日元学费；即使居住在国际教育支援机构，每月住宿费也在3万余日元（比如位于上祖师谷的国际交流会馆），还需要交纳水电费，汇总之后至少需要交纳33000—34000日元之间；每月交通和生活费尚需4万余日元。由此换算可知，游日学生的每年花费至少应在120万日元左右，折合人民币为近10万元，并且仅仅是日本国立或公立大学的学习费用。私立大学就学费一项，或需要高达50万—100万日元。由上可见，对中国普通家庭而言，肯定难以承受如此巨大的游日费用，除非少数家境宽裕的富豪子弟，因此大多数的游学生都面临在日本谋生的问题。私费游日学生在完成学业时，基本上都经历过在日本社会中谋生的经历，即以最低端的体力劳动，换取在日学习和生活的费用，比如饭馆中端盘和洗碗；小卖部售货，以及在公司担任临时职员。因此都经历过非常艰辛的谋生史，其中无助、寂寞和风险，甚至迷茫，肯定都是存在的。大多数的游日学生为生活所迫，只能通过这样亦工亦读方式，最终完成在日本的学业，或许上述已成为中国在日游学生完成学业的通例。

五是攻读。日本大学教育目前已实现普及化（20世纪70年代，日本大学升学率就已相当于中国现在升学率的水平，即23%左右）。赴日游学生在经过两年预科和日本语的训练之后，大多都可以进入程度不同的大学（或专门学校）完成本科课程，并获取学位。日本修士学历层次相当于中国的硕士阶段，但比中国硕士生入学容易得多。日本大学院生（相当于中国大学研究生）招生时，大学教授具有较大的权力，修士生入学也需要考试和小论文发表（相当于面试），但只要大学教授认可就可以入学。因此日本修士生不见得比中国硕士生的入学基础更为扎实。但日本大学存在较为重要的教学方式，即安排学生发表。日本某些中小学就开始训练学生的发表能力，大学本科基本上也都开设相关发表课程，或进行专门性的发表训练，并且从修士阶段开始，学生除了需要修完部分拓展和通识课程之外，大学教授的专业课程都采取学生发表的形式，即大学教授拟定学期发表的专题，并提供部分参阅的文献，包括日英语文献，由学生进行专业性的阅读，并选择相应专题准备发表，而学生需要参与发表课程中的各专题，并向发表者提出问题，从而进行思维和观点上的交互与碰撞，从而深化专业性的学习与研究。后期专业课程的发表多与学生毕业论文存在关联，导师通过这样发表和单独对谈相结合的方式，指导学生完成学位论文。日本修士论文达到 A 级评定，在大学教授可以指导博士生的前提下，一般优先给予录取。若进入其他大学或选择其他导师，则要经过其他导师学术课程发表。导师认为可以作为自己的学生，就要报名参加考试和论文发表（相当于面试），最终合意即予以录取。若在学术课程发表阶段，导师觉得不可以作为自己的学生，即告诉学生不能进入自己的研究室，或推荐到其他适合的专业或导师。日本大学教授在挑选学生时，首先考查学生是否具有学术研究的素质；其次权衡学生是否符合自己的研究方向。因此学生遭到导师的淘汰，并非完全由于存在学术素质问题，可能还会有其他的原因，比如学生与导师的研究取向存在偏差。在日本大学博士学习阶段，严格地采取"宽进窄出"的方式，这也符合日本"学力社会"的教育理念与现实状况。因为日本社会的用人只注重素质、能力与经验，而不太注重学历与学位，而且博士学位获取者也大多进入学术机构或大学，而较少到其他社会机构任职。因此，中国游日博士生，特别是人文和社科类（包括法学类）博士生，则直接地面临"博士课程修了"或"博士学位取得"的学习风险，而某些学科10余年甚至以上不颁发博士学位。前已谈及，东京大学法学院10年未毕业的中国博士生，现已在日本某银行工作，经常下班之后来会馆溜达，听闻愿意返国发展，但由于没有获取博士学位，回国求职存在困境。因此，应反思中国海外博士阶段教育的相关政策，是否应提供国内相应学位授予的评价程序与绿色通道，从而让海外博士人才能做到人尽其才，而不会成为永久的海外逸才，从而避免人力资源在海外的浪费。

六是迷茫。主要体现在人生、生活、学业和职业四方面：人生迷茫主要是指面对异域文化氛围，而产生的被抛弃感觉，多出现于自费游学生的身上，因为其多为国内选拔考试的失利者；生活迷茫主要是指由于游学生面临海外社会生活的多重压力，比如在经济、心理和交友等方面，因而对个人生活产生茫然若失的感觉，并与上述的无助、寂寞、风险、谋生和其他问题联系起来；学业迷茫主要是指理想的失落，学习与毕业及学习中面临的各种关系与压力，诸多综合的原因导致学生对完成学业产生迷茫感；职业迷茫主要是指谋生中的职业选定，特别是毕业之后的职业去向等，也体现为对未来前途的不安定感，因而导致心理上的压力。当然还存在其他的原因，比如家庭变故、朋友关系，以及各种社会问题等方面。

在中国游日学生中，存在上述各种生态及其特征。因此，海外游学生需要学会自我疏导，排除各种消极和不良的情绪，发展积极和乐观的情绪，即要变不利的因素为有利的因素，化消极的情绪为积极的情绪。从游学管理层面上讲，建议设立中国海外游学生的互助组织，特别是在海外集中居住的地域，比如成立中国游日学生祖师谷国际交流会馆之友会。国家通过给予一定经费，鼓励这样的组织每年举办 2—3 次聚会或远足活动，从而增进中国游日学生之间的了解与情感，从而建立相互之间较为紧密的联系，并在海外学习和生活中相互关心与帮助，这样还可以减少其他异域文化和思想的影响，提升对祖国的认同感与凝聚力。其实这并非太大的经费投入，完全是可以办到的事情。同时，还应加强中国海外游学管理研究，增强对中国海外游学生管理的自主性、积极性和主动性，并相应地拓展中国海外游学生学位获取的国内通道，特别是针对海外博士生，可以引导海外博士生研究其他国家相关领域的选题，并由国家开设绿色通道，获取中国大学或研究机构的相应学位。上述措施既应有条件上的限制，也应有程序上的限制，需要通过评审和答辩程序，从而保证国内授予学位者的论文质量。当然还应采取其他各种措施，比如公派国内大学或研究机构的在读博士生，鼓励出国攻读其他国家的学历与学位，从而减少海外游学的学业风险，有利于增强国内对海外游学生的管理与控制，这也是引导中国游学生去选择海外选题研究的较好机制，从而提升国内海外相关领域学术科研的水平，形成大批具有较高质量、存在感性体验和理性分析的学术科研成果。综括地来讲，上述措施无疑能提升中国海外游学教育的实际成效，有利于中国社会建设和学术科研等保持健康、科学与持续的发展。

小 结

日本是中国的近邻。在漫长的社会和历史发展中，日本是中国的学生；现在日本俨然地成为中国的先生，而明治之后日本才发展成为近代化的国家。2009年2月，美国国务卿希拉里来日访问，在行程中特意到明治神宫，并向日本的历史和文化表达敬意。在全球金融与经济危机日益加剧之际，日本社会潜伏着各种复杂的因素，日本经济正经历败战以来最为严峻的考验，近来日元和股市持续下滑，表明日本经济已出现全球性的连带滑波。现今东亚局势已出现诸多重大的发展与变化，主要的表现就在于中国经济存在异军突起的发展态势。在全球经济危机冲击的情形下，依托强大的内需市场和外汇储备，中国已成为美国乃至世界走出经济危机的重要依靠力量，然而日本社会却普遍出现心理恐慌，因为在日本人看来，中国的发展与强盛就意味着明治以来日本在东亚优势的丧失。正是在东亚局势出现这样明显变化的情形下，在希拉里访日行程中出现了对明治神宫的参访剧幕。其实也表明，国际社会已注意到日本行将丧失在东亚的比较优势，而中国却正在走向东亚舞台的中心。

在东京游学过程中，虽然经受了中国游日学生同样的煎熬，特别是度过了难以忘怀的寂寞时光，妻儿经历了生命中最为刻骨的身体伤痛，但难以抹杀所获取的丰硕成果。此种评定不在于赴日之后是否熟练地掌握日本语，更不在于在日本大学修习多少专业课程。其实此次赴日游学，是亲读日本，感受日本，以及发现日本。赴日游学也是难以忘怀的心路旅程，开阔了视野，加深了对日本的认识与理解，亲身感受了日本文化、社会和教育等因素之间的复杂联系，并以札记形式将观察、思考和分析的结果记述下来，或许能让中国社会部分改变对日本的既有成见，从而以崭新眼光审视身边不同寻常的邻居，认清日本何以如此又何以那般，然后才知道该干什么、怎么干。或许这是最大的人生祈愿，但愿思想之树常青。在此21世纪初期，世界正处于发展的转折点上。奥巴马在走向美国总统的途中，高举"变革"的旗帜，日本也紧相跟随，并竭力地呐喊助阵。中国也需要变革传统的思想与观念，再次审视自己，并重新认识这个纷繁和芜杂的世界，特别是要认识和发现日本，包括其过去、现在与未来。

（撰述于日本东京都世田谷区祖师谷国际交流会馆A403室）

参考文献

［1］朱谦之．日本哲学史［M］．北京：人民出版社．2002．

［2］戴季陶．日本论［M］．北京：九州出版社．2005．

［3］王新生．现代日本政治［M］．北京：经济日报出版社．1997．

［4］戚印平．日本早期耶稣会史研究［M］．北京：商务印书馆．2003．

［5］任振杰．毛泽东与抗日战争［M］．北京：中央文献出版社．2006．

［6］郑翔贵．晚清传媒视野中的日本［M］．上海：上海古籍出版社．2003．

［7］汪向荣．古代中国人的日本观［M］．上海：上海古籍出版社．2006．

［8］王　勇．中日关系史考［M］．北京：中央编译出版社．1995．

［9］王晓秋．近代中日文化交流史［M］．北京：中华书局．2000．

［10］黄遵宪．日本国志［M］．天津：天津人民出版社．2005．

［11］王　屏．近代日本的亚细亚主义［M］．北京：商务印书馆．2004．

［12］翟　新．近代以来日本民间涉外活动研究［M］．北京：中国社会科学出版社．2006．

［13］王晓秋．近代中国与日本：互动与影响［M］．北京：昆仑出版社．2005．

［14］余　杰．"暧昧"的邻居［M］．北京：光明日报出版社．2004．

［15］郝祥满．日本人的色道［M］．武汉：湖北长江出版社、湖北人民出版社．2009．

［16］高殿芳，刘建业．田中奏折探隐录［M］．北京：北京出版社．1993．

［17］白益民．三井帝国在行动：揭开日本财团的中国布局［M］．北京：中国经济出版社．2008．

［18］王向远．日本对中国的文化侵略：学者、文化人的侵华战争［M］．北京：昆仑出版社．2005．

［19］林景渊．武士道与日本传统精神：日本武士道之研究［M］．台北：自立晚报社文化出版部．1990．

［20］孙立祥．战后日本右翼势力研究［M］．北京：中国青年出版社．2014．

［21］严加红．大教育系统在日本的运行与在中国的构建［M］．南昌：江西高校出版社．2014．

［22］［日］小泉八云．日本与日本人［M］．胡山源 译．北京：九州出版社．2005．

［23］［英］肯尼斯·G.韩歇尔．日本小史：从石器时代到超级强权的崛起［M］．李忠晋，马昕 译．北京：世界图书出版公司北京公司．2010．

［24］［美］康拉德·托特曼．日本史（第二版）［M］．上海：上海人民出版社．2008．

［25］［日］加藤周一．日本文化中的时间和空间［M］．彭曦 译．南京：南京大学出版社．2010．

［26］［日］森贞彦．《菊与刀》新探［M］．王宣琦 译．武汉：武汉大学出版社．2007．

［27］［美］鲁思·本尼迪克特．菊与刀［M］．吕万和，熊达云，王智新 译．北京：商务印书馆．1990．

［28］［日］新渡户稻造．武士道［M］．张俊彦 译．北京：商务印书馆．1993．

［29］［美］戴维·贝尔加米尼．日本天皇的阴谋（上册）［M］．张震久、周郑、何高济等 译．北京：商务印书馆．1984．

［30］［日］吉田茂. 激荡的百年史：我们的果断措施和奇迹的转变［M］. 孔凡、张文 译. 北京：世界知识出版社. 1980.

［31］［美］约瑟夫·C.格鲁. 使日十年：1932至1942年美国驻日大使格鲁的日记及公私文件摘录［G］. 蒋相泽 译. 北京：商务印书馆. 1983.

［32］［日］历史研究委员会. 大东亚战争的总结［M］. 东英 译. 北京：新华出版社. 1997.

［33］［日］中村雄二郎. 日本文化中的罪与恶［M］. 孙彬 译. 北京：北京大学出版社. 2005.

［34］［日］小原雅博. 日本走向何方［M］.［日］加藤嘉一 译. 北京：中信出版社. 2009.

［35］［日］土居健郎. 日本人的心理结构［M］. 阎小妹 译. 北京：商务印书馆. 2007.

［36］［日］盛田昭夫. 经营之神：日本.索尼.AKM［M］. 陈建 译. 北京：经济管理出版社. 1988.

［37］［中］刘建辉. 魔都上海：日本知识人的"近代"体验［M］. 甘慧杰 译. 上海：上海古籍出版社. 2003.

［38］［日］西里喜行. 清末中琉日关系史研究（上、下）［M］. 胡连成等 译. 北京：社会科学文献出版社. 2010.

［39］［日］古屋安雄等. 日本神学史［M］. 陆若水、刘国鹏 译. 上海：三联书店. 2002.

［40］［日］升味准之辅. 日本政治史（共4册）［M］. 董果良 译. 北京：商务印书馆. 1997.

［41］［日］辻清明. 日本官僚制研究［M］. 王仲涛 译. 北京：商务印书馆. 2010.

［42］［日］奈良本辰也. 武士道の系谱［M］. 东京：中央公论社. 1971.

［43］［日］竹内诚等. 教养の日本史［M］. 东京：东京大学出版会. 1987.

[44][日]奥野里义. 日本发见记[M]. 东京：讲谈社. 1971.

[45][日]加藤地三. 教育敕语の时代[M]. 东京：三修社. 1987.

[46][日]伊藤正德. 世界大海战史考[M]. 东京：日本电报通信社出版部. 1943.

[47][日]津田左右吉. 我が国民思想の研究（共8卷）[M]. 东京：岩波书店. 1978.

[48][日]大江志乃夫等. 近代日本と殖民地8：アジアの冷战と脱殖民地化[M]. 东京：岩波书店. 1993.

[49][日]三浦藤作. 青少年学徒ニ赐ハリタル敕语谨解[M]. 东京大阪东洋图书株式会社. 1939.

[50][日]藤田省三. 天皇制国家の支配原理[M]. 东京：未来社. 1966.

[51][日]西田直二郎. 日本文化史序说[M]. 东京：改造社. 1932.

[52][日]竹月兴三郎. 二千五百年史[M]. 东京：二酉社. 1916.

[53][日]栗田元次. 日本の特性[M]. 东京：贤文馆. 1937.

[54][日]肥后和男. 日本神话研究[M]. 东京：河出书房. 1938.

[55][日]西村真次. 日本民族理想[M]. 东京：东京堂. 1939.

[56][日]津田左右吉. 日本古典の研究（上、下）[M]. 东京：岩波书店. 1950.

[57][中]王 敏. 日本と中国：相互误解の构造[M]. 东京：中央公论社新社. 2008.

[58][日]笠原十九司. 南京事件论争史[M]. 东京：平凡社. 2007.

[59][日]小川原正道. 西南战争：西乡隆胜と日本最后の内战

[M]．东京：中央公论新社．2007.

［60］［日］池田清．海军と日本［M］．东京：中央公论新社．1981.

［61］［日］村上重良．国家神道［M］．东京：岩波书店．1970.

［62］［日］旗田巍．元寇：蒙古帝国の内部事情［M］．东京：中央公论社．1965.

［63］［日］大野晋．日本语の起源［M］．东京：岩波书店．1957.

［64］［日］山边健太郎．日韩合并小史［M］．东京：岩波书店．1966.

［65］［日］藤村道生．日清战争：东アジア近代史の耘换点［M］．东京：岩波书店．1973.

［66］［日］入交好修．德川幕府制の构造と解体［M］．东京：印刷局朝阳会．1963.

［67］［日］高仓新一郎．北海道小史［M］．札幌：榆书房．1956.

［68］［日］柳田国男．日本の祭［M］．东京：弘文堂书房．1942.

［69］［日］和歌森太郎．日本史の虚像と实像［M］．东京：每日新闻社．1972.

［70］［日］风间健．武士道教育总论［M］．埼玉：壮神社．2000.

［71］［日］佃实夫．志士と壮士の歌［M］．东京：新人物往来社．1973.

［72］［日］木村昌人、田所昌幸．外国人特派员［M］．东京：NHKプックス．1998.

［73］［日］藤木坚准二．陛下の"人间"宣言：旋风里の天皇を描く［M］．东京：同和书房．1946.

［74］［日］笠谷和比古．武士道と日本型能力主义［M］．东京：新潮社．2005.

［75］［日］衫浦重刚．昭和天皇の学ばれた教育敕语［M］．东京：勉诚出版．2006.

［76］［日］田中彰．明治维新と西洋文明［M］．东京：岩波书

店．2003．

［77］［日］大久保乔树．洋行の时代［M］．东京：中央公论新社．2008．

［78］［日］森木享．海军兵学校［M］．东京：东京ライフ社．1956．

［79］［日］平川祐弘．和魂洋才の系谱（上、下）［M］．东京：平凡社．2006．

［80］［日］加地伸行、三浦永光．靖国神社をどう考えるか［M］．东京：小学馆．2001．

［81］［日］多田道太郎等．日本人の知惠［M］．东京：中央公论社．1973．

［82］［日］神一行．石原慎太郎と都知事の椅子［M］．东京：角川书店．2000．

［83］［日］秋庭俊．帝都东京：隐された地下网の秘密2［M］．东京：新潮社．2004．

［84］［日］井上光贞等．日本书纪（一、二）［M］．东京：岩波书店．1994．

［85］［日］久米邦武．米欧回览实记（一、二、三、四、五）［M］．东京：岩波书店．1982．

［86］［日］大道寺友山．武道初心集［M］．东京：岩波书店．1943．

［87］［日］鹿野政直．近代日本思想案内［M］．东京：岩波书店．1999．

［88］［日］和辻哲郎．日本精神史研究［M］．东京：岩波书店．1992．

［89］［日］关裕二．［天皇家］诞生の谜［M］．东京：讲谈社．2007．

［90］［日］松本三之介．明治精神の构造［M］．东京：日本放送出版协会．1981．

[91][日]吉川宗男,行广泰三. 文化摩擦解消のいとぐち[M]. 东京：人间の科学社. 1989.

[92][日]植木直一郎. 国史と日本精神[M]. 东京：青年教育普及会. 1936.

[93][日]井上清. 日本の"近代化"と军国主义[M]. 东京：新日本出版社. 1966.

[94][日]横田健一. 日本古代の精神[M]. 东京：讲谈社. 1969.

[95][日]儿岛唯雄,家永三郎. 大津事件日志[M]. 东京：平凡社. 1971.

[96][日]佐藤实. 先代旧事本纪：神代から天孙へ[M]. 东京：新人物往来社. 2008(11).

[97][日]铃木良,高木博志. 文化财と近代日本[M]. 东京：山川出版社. 2002.

[98][日]江口圭一. 十五年战争小史[M]. 东京：青木书店. 1991.

[99][日]吉田茂. 日本を决定した百年[M]. 东京：日本经济新闻社. 1967.

[100][日]石原慎太郎、盛田昭夫. "NO"と言える日本：新日秘关系の方策[M]. 东京：光文社. 1989.

[101][日]石原慎太郎、マハテイール. "NO"と言えるアジア：对欧米への方策[M]. 东京：光文社. 1994.

[102][日]森谷克己. 东洋小文化史[M]. 东京：白扬社. 1938.

[103][日]池田清. 海军と日本[M]. 东京：中央公论社. 1981.

[104][日]奈良本辰也. 高杉晋作：维新前夜の群像[M]. 东京：中央公论社. 1965.

[105][日]司马辽太郎、ドナルド. キーン, 日本人と日本文化[M]. 东京：中央公论新社. 1972.

[106][日]土屋乔雄,玉城肇.日本远征记(1.2.3.4)[M].东京:岩波书店.1955.

[107][日]田口卯吉、嘉治隆一.日本开化小史[M].东京:岩波书店.1934.

[108][日]和辻哲郎.锁国:日本の悲剧(上、下)[M].东京:岩波书店.1982.

[109][日]宫本常一.日本文化の形成[M].东京:讲谈社.2005.

[110][日]直木孝次郎.日本神话と古代国家[M].东京:讲谈社.1990.

[111][日]桑田忠亲.武士の家训[M].东京:讲谈社.2003.

[112][日]村上重良.日本宗教事典[M].东京:讲谈社.1988.

[113][日]山本博文.殉死の构造[M].东京:讲谈社.2008.

[114][日]司马辽太郎.日本语と日本人[M].东京:中央公论社.1984.

[115][日]井上清.天皇の战争责任[M].东京:岩波书店.1991.

[116][日]加濑俊一.吉田茂の遗言[M].东京:读卖新闻社.1967.

[117][日]东野治之.遣唐使[M].东京:岩波书店.2007.

[118][日]佐伯有清.最后の遣唐使[M].东京:讲谈社.2007.

[119][日]远山茂树.明治维新と现代[M].东京:岩波书店.1968.

[120][日]梅棹忠夫,多田道太郎.日本文化の构造[M].东京:讲谈社.1972.

[121][日]外间守善.冲绳の历史と文化[M].东京:中央公论社.1986.

[122][日]村井友秀等.失败の本质:日本军の组织论的研究[M].东京:中央公论新社.1991.

[123][日]山室建德.军神:近代日本ガ生んだ"英雄"たちの轨迹[M].东京:中央公论新社.2007.

[124][日]尾籐正英.日本文化の历史[M].东京:岩波书店.2000.

[125][日]渡边诚.禅と武士道:柳生宗炬と山冈铁舟まで[M].东

京：KK ベストセラース .2004.

［126］［日］宮本常一.绘卷物に见る：日本庶民生活志［M］.东京：中央公论社 .1981.

［127］［日］小田部雄次.华族：近代日本贵族の虚像と实像［M］.东京：中央公论社 .2006.

［128］［日］渡边正雄.日本人と近代科学：西洋への对应と课题［M］.东京：岩波书店 .1976.

［129］［日］高桥正卫.二·二六事件："昭和维新"の思想と行动［M］.东京：中央公论社 .1965.

［130］［日］北山茂夫.壬申の内乱［M］.东京：岩波书店 .1978.

［131］［日］村上重良.天皇の祭祀［M］.东京：岩波书店 .1977.

［132］［日］毛利敏彦.大久保利通：维新前夜の群像 5［M］.东京：中央公论社 .1969.

［133］［日］胁田修.织田信长：中世最后の霸者［M］.东京：中央公论社 .1987.

［134］［日］高松四郎.东照公遗训と逸话［M］.东京：内外印刷合资会社 .1925.

［135］［日］村上重良.慰灵と招魂：靖国の思想［M］.东京：岩波书店 .1974.

［136］［日］铃木正幸.皇室制度：明治から战后まで［M］.东京：岩波书店 .1993.

［137］［日］猪木正道.军国日本の兴亡：日清战争から日中战争へ［M］.东京：中央公论新社 .1995.

［138］［日］江藤淳.明治の群像（Ⅰ.Ⅱ）：海に火轮を［M］.东京：新潮社 .1977.

［139］［日］石原莞尔.战争史大观［M］.东京：中央公论新社 .1993.

［140］［日］福泽谕吉.文明论之概略［M］.东京：岩波书店 .1995.

［141］［日］三好行雄.漱石文明论集［G］.东京：岩波书店 .1986.

［142］［日］高桥哲哉.靖国问题［M］.东京：筑摩书房 .2005.

［143］［日］小泽征悦.西乡隆盛：孤高の英雄全轨迹［M］.东京：新人物未来社.2008.

［144］［日］谢花直美.证言 冲绳"集团自决"：庆良间诸岛何が起きたか［M］.东京：岩波书店.2008.

后 记

"日本型"概念来自日本人的研究文献,内涵指日本的特色,比如"日本型能力主义"。但"日本型文化"概念存在具体的特殊内涵,是指明治维新前后形成与发展的近代日本文化,具有本土化、"去中国化"和西方化的显著特征,但又并不是完全成型的文化形态。传统中华文化、古印度文化、古埃及文化、古希腊文化和罗马文化等,都是成型的文化,但"日本型文化"却并未发展成为这样完全的成型文化,并体现出杂种性的显著特征,虽然日益增强其中的本土化目标。实质上来讲,无论是致力于"去中国化"还是西方化,都是在服务于实现日本的本土化目标。

"日本型文化"伴随日本"军国主义化"而存在与发展,并造成日本在东亚奉行侵略与殖民的政策——"大陆政策",吞并"虾夷"和"琉球"(北海道与冲绳),甚至借助中日甲午战争和《马关条约》,占据清末中国的台湾地区,直到二战结束之后台湾地区才回归中国的怀抱。二战虽然硝烟散尽,但"日本型文化"却依然在日本社会广泛地存在。在二战结束之初,日本就开始介入中国的内战;东西方"两大阵营"出现之后,日本紧随美国为首的"西方阵营",作为战备物资和后勤的基地,公然参与美国等西方国家组织的所谓"联合国军",发动对朝鲜的战争,严重威胁到中国的安全,同时协助美国、针对中国,在台湾海峡制造"两岸"问题,导致现今依然维持"两岸"政治现状,严重制约了中国走向崛起与富强的步伐。

在东京游学期间,穿行于日本社会之中,既深切地感受到日本人内心的精致,也强烈地体会到日本型文化侵华的本质——在光鲜的"外衣"之下,存在浓烈反华制华的现实图谋。日本社会出现这样的情绪，存在形成与发展的过程，当然其中最为根本的因素是存在"日本主体"思想与意识，即使在日本学习和借鉴传统中华文化之时。在中国盛唐时期，日本实施"大化改新"，全面学习和借鉴唐代中国的社会制度及其相关政策，但却秉持"日本主体"思想与意识，择取传统中华文化的精华与优势，丰富和发展日本的传统文化；在中国宋明时期，日本摒弃中国盛行的朱熹"理学"，而选择王阳明的学说，奉行积极的行动主义，而非沉潜静思的工夫，更是抛弃女子裹脚陋习；在满清入主中原之后，日本"中国观"出现深刻的发展与变化，开始质疑传统中华文化，更为增强"日本主体"思想与意识。

明治维新之后，日本一举超越传统上的文化"母国"——中国，并仿效西方国家在东亚奉行侵略与殖民政策，开始对"虾夷""琉球"和清末中国的台湾地区进行侵略与殖民，在文化上出现脱离传统中华文化的倾向，并呈现出强烈的本土化、"去中国化"和西方化特征，最终形成"日本型文化"。日本在东亚奉行侵略与殖民政策的过程之中，"日本型文化"获取了更大程度上的发展，"去中国化"特征就更为显著地呈现出来，日益体现出军国主义——东方法西斯主义的侵华本质，多次参与或发动对中国的战争，甚至全面的侵华战争，造成中国人民面临生灵涂炭、中华民族陷入生死存亡，付出极为惨重的代价与牺牲。

二战结束之后，苏联占据北海道（"虾夷"）的北方四岛，美国则派兵驻扎日本的本土与冲绳（"琉球"）。但战后国际局势出现迅速的发展与变化，出现以美国为首的"西方阵营"（北约）和以苏联为首的"东方阵营"（华约）在国际社会形成相互对峙的冷战局面。在这样的国际发展情势之下，美国不仅大幅度地减弱对日本战争责任的追究力度，而且很快恢复天皇制度在日本社会的宗教和文化地位，日本也成为美国推进战后在东亚的战略基地，特别是成为朝鲜战争和越南战争的战备物资与后勤补给基地。战后日本经济和科技等方面获取巨大的发展，呈现出20世纪60、70年代高速发展的局面，同时"日本型文化"也逐步在日本社会获取延续与发展，表现为"右翼"组织及

后　记

其势力的发展与猖獗，在日本社会和政治中占据了重要的地位，发挥了重大的作用，即日本社会日益呈现出"右翼化"的发展趋势，最为显著的表现就是存在强烈反华制华的社会氛围。这是"日本型文化"的"去中国化"特征在日本社会的显性表达，是其中所存在侵华本质的集中呈现。

在实施改革开放政策发展的时期，中国政府实施诸多吸引外资和技术的优惠政策，日本凭借战后在资金和技术等方面的比较优势，以及紧邻中国的区位便利，迅速运用优势的资金、技术、管理和营销等手段，推进"占领中国"的战略与策略，由此造成在中国出现庞大的"日企帝国"，比如三井集团在中国的战略布局。同时，日本不仅大力强化对中国的信息情报收集、整理与分析，而且对中国政治、经济和社会等方面产生全面性的深刻影响与作用，甚至出现火车为日本投资者临时停站，飞机为日本投资者推迟飞行的极端事件。其实，上述事件的出现在中国并非偶然的社会现象，而是存在深刻的社会和经济的宏大背景，对中国舆论和文化的发展产生了巨大的负面影响与作用，并成为中国民众热烈论议的社会话题。在这样的中日发展情势之下，"右翼"组织及其势力在日本呈现出不断壮大的发展趋势，日本社会和政治日益呈现为"右翼化"的发展趋势。比如，石原慎太郎担任东京都知事（市长）职务，甚至麻生太郎出任日本政府首相，特别是日本出现日益浓烈反华制华的社会氛围，不断地制造国际性的反华风浪，各种国际反华组织及其势力也将日本列岛作为发展与活动的基地，并获取美国和日本等西方国家的资金和国际支持，对中国社会的稳定和发展产生了极大的潜在与现实威胁，因而必须提出应对策略，其实"后羿计划"和"嫦娥计划"就是这样应对的策略构想。

外交与战略应存在两分，中国政府和社会不能为了迎合外交的需要，而弱化战略上对日本的应对，而应在强大综合实力的基础之上，秉持以外交促进战略、以战略推进外交的基本原则，并不断地落实到策略和政策层面，而不应存在战略上的固化与僵化，在对日本的策略与政策上，不应单方面地固守在建政初期形成的"中日世代和平友好"政策，而应积极观察、理解和分析战后日本社会政治等方面的发展与变化，机动灵活地调整对日本的策略与政策，由此服务于对日本的战略。战后"日本型文化"获取延续与发展，标志着现实日本社会日益走向"右翼化"的发展趋势，反华制华的思想、意识和行为将在日本社会持续存在与发酵，这是"日本型文化"的内在特征所决定的。中国政府和社会应高度关注和正视日本这样的发展趋势，而不能刻意回避存在这样的国际局势，并由此调整对日本的战略，从而为中国的长治久安和稳定发展奠定牢固的策略与政策基础。

在东京访学期间，结交丹舟、溪娟夫妇，以及广军等在日学友，忆及当时在会馆畅谈的情形，至今感到温馨与亲切，并由此日益深化对"日本型文化"的认识与理解。国家教育行政学院冯文宇同志帮助整理了"序说"部分的口述，即"东京游学讲述：走向东京学艺大学"；西南大学访学研究生修建建提出了修改的建议，在此一并表达衷心的感谢！同时要向长相厮守、日夜陪伴的妻儿，表达真心的谢忱！一叶落而知秋至。人到中年，应懂得遵循自然规律、理解社会规律，要让思维沉淀下来，思想表达出来，正如秋日的黄叶、红叶，悠然地呈现在面前，或艳丽多彩，或枯萎败落，可以随性选取，择善珍藏。行文至末，要对学苑出版社领导和编辑同仁，特别是为本书出版提供指导、做出贡献的洪文雄主任、郑泽英编审、任彦霞编辑和张芳编辑等，表达诚挚的谢意！

严加红

2015年9月27日